U0691162

中国文化知识文库

中国古代兵家与兵书

徐 潜 \ 主 编

张 克 崔博华 \ 副主编

霍慧婷 王丽晶 \ 编 著

吉林出版集团·吉林文史出版社

图书在版编目（CIP）数据

中国古代兵家与兵书 / 徐潜主编 . —长春：吉林文史出版社，2013.3（2025.9重印）

ISBN 978-7-5472-1504-3

Ⅰ.①中… Ⅱ.①徐… Ⅲ.①兵家–中国–古代–通俗读物 ②兵法–中国–古代–通俗读物 Ⅳ.①E892.2-49

中国版本图书馆 CIP 数据核字（2013）第 063417 号

中国古代兵家与兵书
ZHONGGUO GUDAI BINGJIA YU BINGSHU

主　　编	徐　潜	
副主编	张　克　崔博华	
责任编辑	张雅婷	
装帧设计	映象视觉	
出版发行	吉林文史出版社有限责任公司	
地　　址	长春市福祉大路 5788 号	
印　　刷	唐山富达印务有限公司	
版　　次	2013 年 3 月第 1 版	
印　　次	2025 年 9 月第 5 次印刷	
开　　本	720mm×1000mm　1/16	
印　　张	9.75	
字　　数	250 千	
书　　号	ISBN 978-7-5472-1504-3	
定　　价	68.00 元	

序　言

　　民族的复兴离不开文化的繁荣,文化的繁荣离不开对既有文化传统的继承和普及。这套《中国文化知识文库》就是基于对中国文化传统的继承和普及而策划的。我们想通过这套图书把具有悠久历史和灿烂辉煌的中国文化展示出来,让具有初中以上文化水平的读者能够全面深入地了解中国的历史和文化,为我们今天振兴民族文化,创新当代文明树立自信心和责任感。

　　其实,中国文化与世界其他各民族的文化一样,都是一个庞大而复杂的"综合体",是一种长期积淀的文明结晶。就像手心和手背一样,我们今天想要的和不想要的都交融在一起。我们想通过这套书,把那些文化中的闪光点凸现出来,为今天的社会主义精神文明建设提供有价值的营养。做好对传统文化的扬弃是每一个发展中的民族首先要正视的一个课题,我们希望这套文库能在这方面有所作为。

　　在这套以知识点为话题的图书中,我们力争做到图文并茂,介绍全面,语言通俗,雅俗共赏。让它可读、可赏、可藏、可赠。吉林文史出版社做书的准则是"使人崇高,使人聪明",这也是我们做这套书所遵循的。做得不足之处,也请读者批评指正。

编　者

2012 年 12 月

目 录

古代兵勇

　　中国到了氏族公社后期，部族和部落之间经常发生争夺财产的战争，而战争中的主角便是兵勇。而后争霸战争此起彼伏，兵勇变成了争霸的工具，军事制度也伴随着时代的前进而发生了相应的变化。中国古代兵勇随着国家的产生而产生，并与整个国家的经济、政治制度相适应，体现着统治阶级的意志。为统治阶级的利益服务。中国古代著名兵勇有青州兵、北府兵、岳家军、戚家军等。

一、先秦兵勇

（一）夏代

尧在位时，黄河流域洪水为灾，庄稼被淹，房子被毁，老百姓只好迁居高处。不少地方出现了毒蛇猛兽，伤害人畜。面对此情此景，尧急忙召开部落联盟会议商量对策。会上，首领们一致推荐部落首领鲧去治水。

不料，鲧花了九年时间，也没有把洪水制伏。因为他只懂得水来土掩，造堤筑坝，结果洪水冲塌了堤坝，水灾反而更凶了。

舜接替尧当部落联盟首领后，亲自到治水的地方去考察。他发现鲧办事不力，就把鲧撤职流放，让鲧的儿子禹继续治水。

禹没有采用父亲的做法，转而开渠排水，疏通河道，要把洪水引到大海中去。

禹和老百姓一起劳动，带头挖土挑土，三过家门而不入，累得磨光了小腿上的汗毛。

经过十三年的努力，禹终于把洪水引入了大海，地面上又可以种庄稼了。

后代的人都称颂禹治水的功绩，尊称他为大禹。

舜年老后，也像尧一样，到处物色继承人。因为禹治水有功，拯救了各部落的百姓，所以大家都推举他为舜的继承人。

舜死后，禹做了部落联盟首领。

这时，中国历史已到了氏族公社后期，生产力大为发展，一个人生产的东西除了维持自己的生活外还有剩余。氏族、部落的首领们利用自己的地位，把剩余产品收为自己的私人财产，从而变成了贵族。

有了剩余产品，部落和部落之间经常发生争夺财产的战争。这样，战争登上了历史舞台，而战争中的主角便是兵勇。

在战争中，其中一方捉住俘虏后不再杀掉，而是把他们变成奴隶为贵族劳动。这样，就渐渐形成了奴隶和奴隶主两个阶级，氏族公社开始瓦解了。

由于禹在治水中的功绩，提高了部落联盟首领的威信和权力。禹年老时曾经到东方视察，在会稽山（在今浙江绍兴一带）召集许多部落的首领开会。与会者朝见禹时都献上玉帛，仪式十分隆重。有一个叫做防风氏的部落首领迟到了，禹认为他怠慢，就把他斩了。这时，禹已经从部落联盟首领变成名副其实的国王，握有生杀大权了。

禹开始行使王权，如有不听号令者，就亲率兵勇征讨。禹曾征讨三苗，亲临战阵，勇武神威，战功卓著，打败了苗军，杀死了三苗酋长，势力范围达到江淮流域。《墨子·兼爱下》中的《禹誓》即禹征讨三苗时的誓师之词。

禹把全国分为九州：冀州、兖州、青州、徐州、扬州、荆州、豫州、梁州、雍州。他还把各方诸侯送来的青铜铸成九个鼎，象征天下九州，便于管理。

中国古代兵勇随着国家的产生而产生，并与整个国家的经济、政治制度相适应，体现着统治阶级的意志，为统治阶级的利益服务。

夏王既是国家的最高统治者，也是兵勇的最高统帅。大臣平时管理民事，战时即为军队将领。夏王不仅拥有强大的王室兵勇，而且还可以征调各诸侯的兵勇。

（二）商代

商汤（前 1617—前 1588 年在位）是商朝的创建者，在位 30 年，其中 17 年为诸侯，13 年为商朝国王。他用贤臣伊尹和仲虺为左右相，以亳为都城，积极治国，国富兵强。

当时夏朝的国王名字叫"桀"，史称"夏桀"。他骄奢淫逸，宠用嬖臣，对民众及各诸侯国进行残酷的压榨和奴役，激起

了强烈的反对。

商汤顺应民意，起兵灭夏。他首先攻灭拥戴夏桀的葛国（今河南宁陵北），接着又攻灭拥戴夏桀的韦国（今河南滑县东南）、顾国（今河南范县东南）、昆吾国（今河南许昌东部）。经过十一次战争，夏王朝空前孤立了。最后，商汤亲率大军，一举攻灭了夏王朝。

商汤以武力灭夏，打破国王永定的说法，史称"商汤革命"。历史证明，兵勇是改朝换代的工具，是革命的武器。

五进位制以及十进位制是人类普遍采用的记数方法，因此很早就用来计算兵勇了。商朝兵勇的基本编制单位就是"什"和"伍"。"什"有十个兵勇，"伍"有五个兵勇。

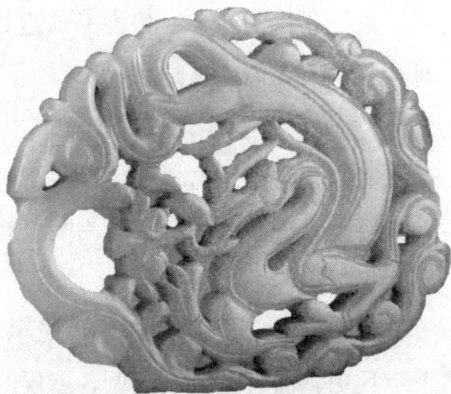

古代兵勇作战时往往会排列成左、右两路或左、中、右三路的阵势，由此影响到兵勇要采用二进位或三进位（包括其倍数）的编制。

甲骨文中的"行"字是十个"什"，"行"由"百夫长"指挥；十个"行"为"大行"，由"千夫长"指挥；作战时习惯按照左、中、右各一个"大行"来排列阵势，投入战斗的三个大行称为"师"，这是商代最基本的战略单位。

商王亲自率领的"王师"是由三个"师"组成的。

商朝战车五辆一组，前三后二，每辆有三套作战武器，每辆有三名兵勇。

商代的战车编制是五进位制。五辆一队，五队二十五辆。一次出动的战车如果超过二三百辆，就由商王亲自指挥了。

商代开创的这种"什伍"之制被取代商朝的周朝所继承。周武王讨伐商纣王时，曾发布《牧誓》，里面就曾提到"百夫长"和"千夫长"。

（三）西周

周武王姬发是周文王姬昌的次子，他继承父亲遗志，于公元前 11 世纪率领大军消灭商王朝，夺取全国政权，建立了周王朝。在战争中，他表现出了卓越的军事才能。他不但是中国历史上的一代名君，而且也是兵勇的最高统帅。

周代的兵勇仍以战车为核心，一辆战车及其配属的步兵合称"乘"，是最小的编制单位。一乘战车上有三名甲士，由贵族组成。在左侧的称"车左"，持弓射箭，是主要的攻击力量，为一车之长，号为甲首；在右侧的称"车右"，手持戈矛，勾刺敌人，又称"骖乘"；在中间的甲士为驭手，负责驾驶战车。

每乘配徒役 20 名，由平民或者奴隶充当，是战车兵的侍从。其中 5 名提供后勤服务，负责养马和准备伙食；另外 15 名参加战斗，在车后护卫战车，在战车冲破敌人队形时进行格斗厮杀。

周代兵勇每 5 乘编为 1 队，由仆射指挥；每 10 队编为 1 "卒"，由"卒长"指挥；每 2 卒编为 1 "师"，由"师氏"指挥。

周代仍然以"师"为基本单位，但师的数量增加了，兵力更强了。周王朝兵力最多时多达 14 个师。

（四）春秋战国时期

周幽王十一年（前 771 年），周幽王因宠爱褒姒，废掉了申后和太子宜臼。申后之父申侯勃然大怒，联合犬戎进攻周王朝，杀了周幽王。

次年，一些诸侯把周幽王的太子宜臼立为天子，是为周平王。平王即位后，戎狄势力在王畿内继续发展，严重地威胁着王室的安全。平王不得不远避其锋，将都城从陕西东迁洛邑（今河南洛阳附近）。历史将平王以前的周朝称"西周"，东迁洛邑以后的周朝称"东周"。

东周历经春秋时期和战国时期，由于铁器的普遍使用，促进了生产力的急速发展，推动了生产关系由奴隶主所有制向封建地主所有制的变革，导致奴隶制社会向

封建社会转化。新兴地主阶级开始夺取政权，并实行变法，从而促进了地主政权的巩固，推动了封建地主经济的发展。

由于地主经济的发展，较强大的诸侯国开始掠夺其他国家的土地和人口，兼并战争愈演愈烈，日益频繁残酷。

这时，周天子丧失了昔日的权威，成为名义上的共主，而齐、晋、楚、吴、越等诸侯大国迭起争霸，开始代天子发号施令了。

争霸战争此起彼伏，兵勇成了争霸的工具，军事制度也伴随着时代的前进而发生了相应的变化。

春秋时期，军队中步兵的比重逐渐增大了。每乘步兵从 25 名逐渐增加到 50 名、75 名，而楚国军队每乘战车竟配有步兵 100 名。

随着造船技术的发展，水军作为一种独立的兵种在战斗中逐渐形成了。楚康王十一年（前 549 年），楚国出动了一支水军进攻长江下游的吴国。这次战役被称为"舟师之役"，这是史籍上首次关于水军的记载。

楚国是最早组建水军的国家，而且经常以水军发动战争的也是楚国。楚平王六年（前 523 年），楚国组建水军北上进攻濮城；楚平王十二年（前 517 年），楚国与越国约定夹击吴国，也是出动水军进攻吴国的边境地区。

楚昭王元年（前 515 年），吴国进攻楚国潜城，楚军以水军包抄吴军后路，使吴军难以退兵。楚昭王八年（前 508 年），楚国再次进攻吴国，双方在豫章一带对峙。这时，吴国组建了一支水军，用作疑兵之计，主力暗中袭击楚国巢城，拔掉了这个军事重镇。

楚昭王十二年（前 504 年），吴国水军一举打败了楚军的水军。楚国担心亡国，曾一度迁都。

吴王夫差十一年（前 485 年），吴国派徐承率领的一支水军从海路北上，远袭齐国。这次为远程渡海作战而编成的水军，标志着中国海军编制的正式形成。

当时，水军战船上配备手持弓、戈、戟、剑、盾等不同武器的战士和专门的划船手。

在这一历史时期，步兵作为独立兵种正式出现了。

晋平公十一年（前547年），晋国统帅荀吴率领晋军与北方少数民族狄人在太原北面的山区作战时，因地势险要，战车难以行驶，部将魏舒建议说："狄人都是步兵，我们的战车在山区里无法发挥作用，步兵困在战车旁边也一筹莫展。为了获胜，不如让自我以下的所有甲士全都下车徒步作战。"荀吴同意这个建议，让魏舒担任前敌指挥。魏舒下令道："从速拆毁战车，所有甲士和跟随战车的步兵混编列阵。"这时，自认为出身高贵的车兵不愿下车和步兵混在一起，魏舒当机立断，把荀吴的一个亲信车兵当场斩首示众。车兵见状，无不震恐，纷纷下车排阵。魏舒用一支小部队在前面诱敌，将主力排列在阵后两侧。狄人没见过晋军徒步作战，顿时哄堂大笑，也不列阵就蜂拥而上，正中了魏舒的诱敌之计。晋军主力两侧合击，狄人大败。这是历史上首次在战场上随机应变、临时组编步兵的战例。

步兵作为军队的一个独立兵种，从此诞生了。

在战国时期，步兵已经是军队作战的主力了。此后，历代步兵一直占军队的绝大部分编制。

在这一历史时期，骑兵也已经初具规模。

马是人类很早就驯服并用于战争的动物。但是，早期的骑兵既没有马鞍，也没有马镫，全靠自己双腿用力紧夹马腹奔驰作战，因而在马背上很难使用身体力量来进行劈砍、刺杀等格斗动作，主要靠射箭来杀伤敌人。

从小在马背上长大的游牧民族善于高难度的骑射、格斗，而中原地区的各国军队到较晚时才开始组建骑兵队。

当时，华夏民族服装是宽袖长袍，骑在马上连射箭都很困难。地处北方的赵国在长期与游牧民族的冲

突中痛感骑兵的重要性，因此赵武灵王毅然下令推行"胡服骑射"，将骑兵的服装改为与游牧民族相同的窄袖短衣，建立起一支可以与游牧民族作战的骑兵队。

由于那时还没有马镫，骑兵难以进行马上格斗。在野战中，骑兵一般不在正面进击敌人，主要用于包抄、迂回、追击等。

战国时期，骑兵的编制规模不大，不能独立执行战役任务。

二、秦汉三国两晋南北朝兵勇

（一）秦代

秦始皇统一中国后，为了维护和巩固统一的封建帝国，采取了一系列加强国防建设和边防守备的重大战略措施。在秦始皇的努力下，不久便建立起空前强大的国防。

秦朝是中国历史上第一个统一的中央集权的封建国家，其军事制度是在战国时期秦国商鞅变法的基础上形成和发展起来的。

秦朝兵勇置于皇帝的严格控制之下，太尉负责全国军事行政，战时随时任命将军统兵出征。

秦军分为京师兵、地方兵和边兵三部分。

京师兵主要由郎官、卫士和守卫京师的屯兵组成：郎官由郎中令统领，卫士由卫尉统领，负责宫廷内外的警卫。负责守卫京城的屯兵由中尉统领。

地方兵置于郡、县，一般由郡尉、县尉（亦称都尉）协助郡守或县令统率，平时维持地方治安，战时由中央调遣。征调地方兵时，必须以皇帝的虎符为凭证。

边兵主要负责边郡戍守，由边郡郡守统领。

秦军分为轻车（车兵）、材官（步兵）、骑士（骑兵）、楼船士（水兵）四个基本兵种。平原诸郡多编练骑士、轻车，山地诸郡多编练材官，沿江、沿海诸郡多编练楼船士。

秦军沿袭战国时期的郡县征兵制，男子17岁要登记在册，每年在郡县服劳役一个月，主要从事木石工程劳作，称"更卒"。

更卒一生中要轮流在郡县服兵役一年，

充材官、骑士、楼船士；在京都或边郡服兵役一年，当卫士或当戍卒。

卫士警卫皇宫和官衙，戍卒屯戍边疆。

不服役时，登记在册的是预备役人员，遇有战事，朝廷临时征发，奉调出战，到60岁才能免役。

秦朝还实行"谪戍"制度，即谪罚商人、贫民、有罪官吏征战或戍边，并在紧急情况下大赦刑徒、奴隶为兵。

秦朝设有免役制度：有爵者56岁免役，无爵者60岁免役；贵族子弟、高爵官吏、学室弟子、残疾人等，可免服兵役和徭役。

秦军训练制度极为严格：射手发弩不中，御手不会驾车，骑士和马匹课试最劣者均要受罚，有关督训官吏及负责选募者也要受罚。

（二）汉代

秦始皇死后，其子胡亥即位，史称秦二世。

秦二世荒淫暴虐，赋税徭役过重，百姓不堪其苦，求生不能，欲死不得，只得纷纷造反了。

秦二世元年（前209年）七月，阳城人陈涉、阳夏人吴广在蕲地起兵反秦。

这年九月，刘邦、项梁、项羽、田儋分别在沛县、吴郡和狄城起兵反秦。

秦王朝覆灭后，刘邦、项羽之间爆发了楚汉之争。最后，项羽垓下自刎，刘邦重新统一中国，建立了汉朝。

汉代执行征兵制，军队编制基本沿袭秦代编制。

汉代军队包括京师兵、郡国兵、边防兵三部分。

京师兵指南北军，因驻地分别位于长安城内南北而得名。

南军的主要任务是负责保卫宫廷，成员有卫士、郎官之别。卫士是郡国轮流服役的正卒，由卫尉统领；郎官由高官子弟和品学兼优之士组成，由郎中令

统领。

北军主要任务是警备长安及京畿地区，士兵多征调三辅正卒，一年一轮换，由中尉统率。

在非常时期，南北军由皇帝指定重臣统领。

南北两军各有两万人，汉武帝时各减至一万人。

由于正卒一年一轮换，不利于保卫京师。汉武帝即位后，组建职业兵为侍从军和禁卫军：南军增设期门、羽林和羽林孤儿；北军增设中垒、屯骑、步兵、越骑、长水、胡骑、射声、虎贲八校尉兵，分驻京城内外。南北军由此扩展成为皇帝亲自掌握的一支重要军事力量。

期门军是汉武帝于建元三年（前138年）建立的，由侍中、常侍、武骑及待诏陇西、北地等六郡良家子弟中善于骑射者组成，约有一千人，归光禄勋掌管。因为侍从武帝，经常在殿门候驾，所以有"期门"之名。

羽林军于太初元年（前104年）选六郡良家子弟组成，约七百人，也属光禄勋。羽林军取"如羽之疾，如林之多"之意。

羽林孤儿军是由在沙场战死者的子弟组成的，因为由国家在羽林官署抚养，教习骑射，所以称"羽林孤儿"。

八校尉兵是禁卫军，于元鼎六年（前111年）建立，共有八支，每支有士卒约七百人。因由八个校尉率领，所以称八校尉兵。

八校尉的士卒都由招募而来，是职业兵，这是中国古代募兵制的开始。这

支军队后来发展为西汉王朝的军事主力，经常用于镇压人民起义或进行民族战争。

郡国兵即地方兵。汉初，高祖令各郡国选择勇武有力者组成郡国兵参加军事训练。

汉朝郡、国并行：

郡置太守，为地方最高军政长官，以都尉辅佐掌管兵员征集、训练、考核校阅、维持治安、出征，以及武器装备的制造、管理等。郡下设县，县令（长）兼理军、民两政，置县尉助理军事和掌管治安。

与郡平行的国指诸侯王国，以相为行政长官，兼掌军事。相下置王国中尉、郎中令、卫尉等统领军队，负责王宫宿卫和维持王国治安。县下还有乡、亭等基层组织，各置官吏掌管本地正卒训练和治安、邮驿、户籍、兵役等军政事务。

东汉时，裁罢都尉，其职并入太守。原来作为监察区划的州（部）逐渐演化为郡之上的行政单位，州刺史内掌民政，外统兵马，地方官的权力开始膨胀起来。

黄巾起义后，战争频仍，刺史、郡守不仅有领兵权，还有征兵、募兵权，从而埋下了分裂割据的种子。

汉朝兵勇在中国历史上功不可没：一是赶走了穷凶极恶的匈奴入侵者，让百姓过上了安定的日子；二是打通了西域走廊，沟通了中西方的交流，加快了历史前进的步伐。

（三）三国时期

东汉献帝建安二十五年（220年），曹操病死。这年八月，他的儿子曹丕逼迫汉献帝让位，自己做了皇帝，建立魏国，东汉自此灭亡了。

次年，刘备在四川称帝，建立蜀汉。

229 年，孙权在江东称帝，建立了吴国。

从此，中国历史进入了三国时期。

三国形成之初，沿袭东汉旧制，主要实行募兵制。

后来，因长期战乱，逃兵增多，人口减少，募兵困难，所以曹丕、刘备、孙权都开始逐渐实行不同名目的世兵制，以确保兵源。

当初，曹操将士兵家属集中起来，选地居住，作为人质，并从中获取后备兵员。曹操称这种家属沦为人质的兵勇为"士"，以服兵役为终身义务；其家属称士家或兵户、军户。

士家另立户籍，与民户分离，子孙世代为兵，士兵叛逃时要罪及家属。同时规定士家女子不得外嫁，士死后寡妻遗女仍配嫁士家，以繁衍士之后代。

吴国实行世袭领兵制，将帅世袭，所统之兵也世代相袭，家属随军，住在军营里。

三国时期，除世兵制外，还用招募、收降、征兵等措施补充军队。另外，也从少数民族中获得大量兵源，如魏国的乌桓兵、凉州兵，蜀国的南中飞军、叟兵，吴国的山越兵等。

三国沿袭汉制，建有抚恤制度：如士卒死亡，要收殓葬埋。魏国还曾规定送遗体至其家，官府为之设祭；对伤残将士全免徭役，授给土地，发给耕牛，分给米谷等。

三国注重以法治军，有管理、训练制度，并严明赏罚，以确保其施行。三国将领出征或镇边时，都将其家属作为人质。各国都重视军事训练：诸葛亮在成都附近以八阵图演练军队，曹操作玄武池培训舟师，孙权利用江湖大练水军。

三国军队补给主要由政府筹办。军粮、军费依靠田赋和屯田收入，其中屯田收获的军粮所占比重很大。

三国普遍实行世兵制和军屯制，是当时政治和经济的产物，与军事斗争是相适应的。

世兵制有较强的人身依附性，对后世兵勇地位的低贱化和门阀制度的形成有直接影响。

（四）两晋

265 年，曹魏大臣司马懿之孙司马炎篡夺皇位，改国号为"晋"，定都洛阳。

司马炎就是晋武帝，他以强大的军事力量灭掉蜀国和吴国，统一中国，结束了东汉末年以来的混战局面。

西晋统一全国后，沿袭曹魏的军事制度，又于各王国设置军队，并盛行世兵制。东晋时，建军方式改以募兵制为主。

西晋（265—317 年)军队分为中军、外军和州郡兵。

中军直属中央，平时驻守京城内外，有事出征。驻在城内的中军为宿卫兵，由左、右二卫负责宫殿宿卫，其他兵勇担任宫门和京城宿卫。驻在京城外的中军称牙门军，无宿卫任务。中军力量强大，晋初多达 36 个军，总兵力不下 10 万人。

外军驻守重要州镇，由都督分领。晋武帝为加强王室对军队的控制，用宗室诸王充任都督，出镇四方，并允许诸王置兵，大国三军 5000 人，次国二军 3000 人，小国一军 1500 人，成为外军的特殊组成部分。

州郡兵是地方武装。晋武帝平灭吴国后，曾下令诸州取消州郡兵，仅置武吏，大郡 100 人，小郡 50 人，用以维持治安，但实际上取消的州郡兵甚少。

西晋是世兵制的全盛时期。兵勇全入兵籍，单独立户，不与百姓混同，父死子继，世代为兵。

兵勇及其家属的社会地位低于郡、县编户百姓。

为扩大兵源，西晋还用奴隶和罪犯当兵，作为世兵制的补充。

军队的主要兵种是步兵，其次有骑兵和水军。

兵勇的武器由政府统一供给。国家建武库贮备兵器，中央设卫尉总管武库和冶铸事宜。军队的粮食和布帛也由政府统一供给和管理。

317 年，西晋琅玡王司马睿在建康（今江苏南京）称帝，建立了东晋王朝。

当东晋偏安南方一隅的时候，西北边疆的匈奴、鲜卑、羯、氐、羌等少数民族首领也先后称王称帝。在一百三十多年的时间里，他们先后建立过大大小小十几个政权，历史上称这一时期为"五胡十六国"。

后来，由氐族人建立的国家——前秦强大起来。357 年，苻坚做了前秦的皇帝，重用汉族知识分子王猛治理朝政，推行一系列改革政治、发展经济和文化、加强军事力量的积极措施，使前秦逐渐强大起来。经过二十多年的努力，前秦先后灭掉了前燕、代、前凉等割据政权，逐步统一了黄河流域地区，成为当时北方各国中疆域最大的一个国家。

东晋（317—420 年)中军软弱，宿卫军往往有名无实。而统率外军的都督、刺史却拥兵自重，跋扈一方。尤其是长江上游的州、镇，兵势之强往往超过中央。

东晋的兵员多用募兵制解决，如参加淝水之战的北府兵多是由广陵（今扬州)一带招募的。

十六国从中军、外军的组织体制到都督、将领的领导指挥系统，大体沿袭曹魏、西晋制度。但在兵役制度上，却具有北方少数民族的特点。各国统治者大都把本族的部族兵作为基本兵力，加强少数民族在军队中的比重。这些军队中的汉族士兵来自投降的坞堡武装和招募的破产农民，一般都是终身为兵。

（五）南北朝

南北朝时期（420—589 年)，国家四分五裂，政权常依军权的大小和兵势的强弱

而频繁更替。

北魏政权建立后，逐步吞并了十六国中幸存的后燕、夏、北燕、北凉等国，于太武帝太延五年（439年）统一北方，开始与南朝形成南北对峙的局面。

南朝军队体制基本沿袭晋制，世兵制衰落，主要实行募兵制。南朝历经宋、齐、梁、陈四朝，这四朝的军队都有中军和外军之分。

中军直属中央，平时驻守京城，战时出征。宿卫京城的编为领、护、左卫、右卫、骁骑、游击等六军。宋武帝刘裕曾恢复屯骑、步兵、越骑、长水、射声等五校，加强殿中和东宫的宿卫兵力，以图扭转东晋以来内弱外强的局面。但是，由于宗室自相残杀而未能执行到底。后来，各个政权都未能改变这种内弱外强的局面。

外军分属各地都督，都督多兼刺史，常拥兵自重，与中央抗衡。

南朝军队以步兵和水军为主，骑兵较少。初期，兵员来自世兵。后来，由于战争消耗，士兵逃亡或被私家分割，部分兵户变为民户，兵源趋于枯竭。于是，募兵制逐渐成为主要的建军方式；私家也通过募兵组织部曲，也就是私人武装。

募兵的对象是失掉土地到处流亡的农民，将领待兵较好，士兵的地位和战斗力渐渐高于世兵了。

北魏拓跋氏初期实行兵民合一的部族兵制，入主中原后逐步封建化，于后期创立了府兵制。

北魏军队初期以鲜卑族为主体，分别由各部落酋长率领。也吸收被征服民族的新丁当兵，几乎是单一的骑兵。在其统治范围扩展到汉族集中居住的地区以后，汉民当兵人数渐渐增加了。

北魏时期，攻城战增多，军队由单一的骑兵变为步兵和骑兵联合作战。后期，步兵比重超过骑兵，成为主要兵种。

北魏统治扩大到中原以后，军队分为中兵、镇戍兵和州郡兵。中兵主要担任宫廷及京城的宿卫，也是对外作战的主力。

镇戍兵是为保卫边防而设置的，初时仅设置在北部边境，后来扩展到南部边境。镇相当于州，设镇都大将、都副将、大将、将等军官；戍相当于郡，设戍主领兵，一般由郡守兼任。各镇、戍大小不一，兵额不等，多达数万，少仅千人。有的在镇、戍之间还设"防"一级的组织。

州郡兵，置都尉统领，是诸州所辖的、维持地方治安的部队，有时也奉皇帝调遣出征或充作镇戍兵。

北魏后期出现兵户，包括充当中兵羽林、虎贲的鲜卑族人，镇戍边防的鲜卑族人，中原强宗子弟、迁配为兵的罪人及其家属，叛逃被追回后迁至内地的北方少数民族和一部分被征服的南朝民户。

兵户丁男终身为兵，世代相袭，社会地位低于民户，生活艰难。

同时，汉族民户也要定期轮番服役，最初主要充当诸戍的戍卒和诸防的防人，后来也常并入中兵。

北魏军队中，部族兵的给养由各部自行掠取。中期以后，中兵、镇戍兵由朝廷向州郡征收军粮，统一供给，同时实行屯田积谷。

东魏和北齐的军队主要是原六镇和洛阳的鲜卑兵。北齐初加以精选，称"百保鲜卑"，又选汉族勇士守边。河清三年（564年）均田令规定：男子18岁领取田地，20岁当兵。

西魏大丞相宇文泰于大统九年（543年）广泛招募各地汉族豪强地主从军，通过他们的从属关系带来了大量家兵、部曲等私人武装。西魏政权根据他们所带军队的多寡授予其不同的爵位。

这种使地方割据的私人武装中央化的办法，不但增强了朝廷的兵力，同时也使鲜卑部族兵制与汉族封建兵制逐渐结合，形成了"府兵制"。

宇文泰于大统十六年（550年）确立

府兵制，选拔体力强壮者充当府兵，府兵与民籍分开，不属郡县管辖，他们只管打仗，不负担其他赋税，社会地位要比世兵高。

北周武帝时，府兵成为中央宿卫军，归皇帝直接掌握。平时轮番服役，半月宿卫，半月训练；战时则出征打仗，临时命将，以便皇帝控制和指挥。

北周武帝时，为扩大兵源，对九等户中第六等以上的民户实行征兵制，规定三丁征一。后来，由于战争频繁，征兵对象扩大到贫下户在内的一般享受均田的农民。

府兵是西魏、北周军队的主力，但不是唯一的军队。当时，中军除府兵担任京城宿卫外，还有专任宫廷侍卫的禁军。

地方的镇戍兵、州郡兵仍然存在，不属于府兵系统。

此外，南北朝时期，世家豪族势力强大，大都拥有人数众多的家兵、部曲。

三、隋唐五代兵勇

中国唐朝灭亡后的五十多年间，封建割据越来越严重，朝代更迭频繁，中原地区先后建立了后梁、后唐、后晋、后汉和后周五个朝代，同时南方和其他地区还有一些割据一方的政权，主要有吴、南唐、吴越、楚、闽、南汉、前蜀、后蜀、荆南、北汉等十国，因此史称这一时期为"五代十国"。在五代十国时期，军事制度十分混乱。

五代各朝帝王都是战将，依靠亲军夺取政权，因而极其注重加强军事领导机构，以便牢牢掌握军队。

五代主要实行募兵制，招募士兵时先要进行体检，还要视其行走跳跃之态，合格者才有资格登记在册。为了标明隶属关系和防止逃亡，凡应募士兵都要文面，即在脸上刺上军号。

五代有时还征集在乡丁壮为兵，称为乡兵。如后晋开运元年（944年），下令诸道、州、府、县征集乡兵，规定七家税户共出一兵，兵杖器械由七家合资置办。又如南方吴国武义元年（919年），下令征集乡兵，教习战守。此外，也有强令出钱或缴纳实物以代兵役的情况，这事实上是由兵役演变为军赋了。

五代时，除庞大的军费开支外，主帅为了驱使部下卖命，针对士兵的赏赐很多。如后汉高祖刘知远为了出战，曾拿出后宫所有积蓄犒军。

五代时养军耗费极大，相沿成习，成为各代的沉重负担。

五代时军队骄悍成风，纪律松弛，打起仗来往往临阵溃散。为此，后周世宗柴荣曾整顿军队。显德元年（954年），高平之战险遭失败后，周世

宗下令先斩了不战自溃的右军主将以下七十余名将吏，使骄兵悍将心有所惧。接着，周世宗挑选诸军精锐者升为上军，羸弱者予以遣散；还挑选各节度使属下的骁勇之士充当禁军，用以削弱地方兵权。整顿后，后周军队兵强马壮，征伐四方，所向皆捷。

　　周世宗的这番整顿，为后来宋太祖统一全国打下了基础。

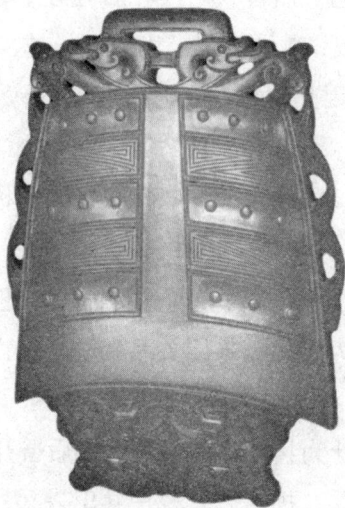

四、宋元兵勇

（一）宋代

五代后周显德六年（959年），当后周世宗柴荣夙兴夜寐，励精图治，南征北战，打算统一全国的时候，却不幸突然生病去世了。他7岁的儿子柴宗训即位，史称后周恭帝。

第二年正月初一，正当后周君臣庆贺新年的时候，北方传来警报说："北汉和辽国联兵南下，声势很大！"后周宰相范质和王溥等人不辨真假，忙派殿前都点检赵匡胤率领大军前去迎战。

赵匡胤率领大军出发后，走到汴京东北一个叫陈桥驿的地方住了下来。这天晚上，将士们在一起议论朝政，赵匡胤的一个亲信说："如今皇上年幼，不能主持朝政，我们舍生忘死为国杀敌，有谁知道呢？不如先立赵点检做天子，然后北上。"大家听了，都齐声叫好，便一同拥戴赵匡胤建立宋朝，做了皇帝，是为宋太祖。

宋朝主要实行募兵制，招募对象多为灾区饥民，并实行灾年招募饥民为兵的养兵制度。此外，还鼓励军中子弟接替父兄当兵，或以罪犯充军。兵源缺乏时，也抓壮丁。宋朝规定一经应募后，便终身为兵了。

北宋规定诸路募兵由长吏或都监负责，以"兵样"或"木梃"为标准，选高大壮健者充当禁军，短弱者充当厢军。新兵入伍，即在脸部或手臂上刺字，以标明军号，因此招募又称"招刺"。家属可随住军营。

宋军实行拣选制度，每年春秋按上、中、下三等标准进行考核，壮健有武技者，可由厢军升为禁军，武技出众者有赏，可以补官。武技不及下等者，马军降为步军，又次者降为厢军。老弱者或降低级别，或消除军籍，或降充"剩员"，供军中杂

21

役。

禁军、厢军以及土军，一般 60 岁退役，其衣粮供给减半。阵亡军士家眷有抚恤，因作战伤残者也有安置的规定。

宋朝武装力量主要由禁军、厢军、乡兵、蕃兵构成，此外还有土军和弓手。

禁军是中央军，包括皇帝宿卫军和征战戍守部队。

厢军属地方军，名为常备军，实是各州府和某些中央机构的杂役兵，受州府和某些中央机关统管，主要任务是筑城、制作兵器、修路建桥、运粮垦荒以及侍卫、迎送官员等，一般无训练、作战任务。

乡兵也称民兵，是按户籍丁壮比例抽选或募集土人组成的地方民众武装，平时不脱离生产，农闲时集中训练，担负修城、运粮、捕盗或协同禁军守边等任务。各地乡兵名目很多，编制也不统一。乡兵最多时，仅陕西、河北、河东三路总数即多达 42 万余人。

蕃兵是北宋西北部边防军，由陕西、河东与西夏接壤地区的羌人部族军组成。部族首领被封军职，率部族军戍守边境。其编制因族而异，至宋神宗时才采用统一编制。

土军和弓手属地方治安部队，由巡检和县尉统辖。土军为神宗时所设，隶属各地巡检司，原为吏役，后改为雇募民丁，隶属于各地县尉司。

南宋军队变化较大。初期，北方禁军主力大部溃散，重新编组的中央军称屯驻大兵。

南方厢军沿袭北宋旧制，专供杂役，不事征战。

南宋乡兵十分英勇，在与金、元侵略者的对抗中曾发挥过巨大的作用。

（二）元代

1259 年，蒙古帝国大汗蒙哥于四川驾崩，其四弟忽必烈与七弟阿里不哥开始争夺汗位。

这年 11 月，阿里不哥在元朝大多数蒙古正统派的支持下于蒙古帝国首都哈拉和林即大汗位。

与此同时，忽必烈在中原儒臣及部分蒙古宗王的支持下也自称大汗。

1260 年 4 月，忽必烈设立中书省，总管国家政务。

这年 5 月，忽必烈颁布《即位诏》。

忽必烈与阿里不哥展开了长达四年的汗位争夺战。

1264 年，阿里不哥兵败投降，忽必烈成为蒙古帝国的大汗。

至元九年（1272 年），在汉族大臣刘秉忠的规划下，忽必烈建都于大都（今北京）。中国历史上的元朝从这一年开始了。

至元十三年（1276 年），元军攻陷南宋都城临安（今浙江杭州），俘虏了 6 岁的宋恭帝和他的母亲全太后，押往大都。

临安陷落时，宋恭帝的哥哥赵昰和弟弟赵昺逃往温州。这年五月，礼部侍郎陆秀夫、宰相陈宜中、大将张世杰、大将苏刘义等人在福州拥立赵昰为帝，史称宋端宗，改年号为景炎，进封赵昺为卫王，进封赵昺的母亲杨氏为太妃，由杨太妃代幼主听政。

宋端宗三年（1278 年），元军从水路追击宋端宗，宋端宗避入广州湾。一天，龙舟突然倾覆，宋端宗落水，虽被随从救起，但已喝了满腹海水，一连几日讲不出话来，恹恹成病。

因元军追兵逼近，宋端宗不得不逃往碙州（今广东省雷州湾），不幸于几个月后死去。

宋端宗死后，陆秀夫、张世杰、苏刘义又拥立 8 岁的卫王赵昺为帝，杨太妃照旧听政，陆秀夫、张世杰协力辅佐，苏刘义负责小皇帝的安全。

在广东新会县南 80 里的海中有一座山叫厓山，地势险要，可以坚守。张世杰认为

碙州不可久留，于是小朝廷迁到厓山。

元军尾随而至，向厓山发起猛攻，双方将士展开肉搏，战斗异常激烈。结果，宋军大败，血流成河，染红了海水。

陆秀夫走到赵昺船中，对他说："国事至此，陛下应当为国而死。德祐皇帝北上后，受尽了奇耻大辱，陛下可不能再受辱了！"说罢，抱着9岁的赵昺投海而死，宫女和群臣也纷纷投海自尽。

至此，南宋彻底灭亡，元朝统一了全国。

元朝军事防卫分为两大系统，即戍卫京师（大都和上都）的宿卫系统和镇守全国各地的镇戍系统。

宿卫军队由怯薛军和侍卫亲军构成。怯薛是蒙古语，是轮流值宿守卫的意思，怯薛军指蒙古禁卫军。元朝建立后，保留了成吉思汗创立的怯薛军轮番入侍之制，用他们担任护卫侍从，常额在万人以上，由皇帝或亲信大臣直接节制。

镇守全国各地的镇戍军布局如下：

河北、山东、山西主要由蒙古军和探马赤军戍守。探马赤军是由从各千户、百户和部落中拣选出来的士兵组成的精锐部队，在野战和攻城时充当先锋，战事结束后驻扎在被征服的地区。

华北、陕西、四川等地由各地区的蒙古军都万户府（都元帅府）统领的蒙古军和探马赤军戍守。

南方以蒙古军、汉军（金朝降军）、新附军（南宋降军）驻戍，防御重点是长江流域和淮河流域。某一方面有警时，这些军队由行枢密院统领；平时日常事务归行省统辖；但调遣换防等重要军务仍受枢密院节制。

元代全国兵马总数只有皇帝和枢密院的蒙古官员知道，行省兵马数目也只有为首的蒙古官员知道。

元代漠北草原和漠南一带的蒙古人仍过着兵民合一的游牧生活，战时出征，平时放牧牛羊。蒙古民户按千户、百户、十户的十进制组织，在指定的牧地范围内游牧居住，由各级官员管辖，上下级有严格的领属关系。千户、百户、十户是地方行政单位，也是军事组织单位。

元代兵勇在蒙古贵族统治和奴役各族百姓时扮演了帮凶的角色，最后消失在农民起义的熊熊烈火中。

五、明清兵勇

（一）明代

元朝的统治日益残暴，日益黑暗。元顺帝（元惠宗）在位时，暴发了韩山童、刘福通、徐寿辉等人领导的红巾军大起义。

安徽省凤阳人朱元璋参加了红巾军，不久因智勇双全升任统帅。他率军南征北战，屡战屡胜。

元顺帝至正二十四年（1364年），朱元璋自称吴王，史称西吴政权。

元顺帝至正二十八年（1368年），朱元璋称帝，以应天府（今南京）为京城，国号大明，年号洪武，建立了明朝。

朱元璋就是明太祖，他命徐达、常遇春等大将北伐，攻占了大都（今北京）。元顺帝仓皇北逃，元朝在中国长达98年的统治宣告结束了。

明朝军队分为京军和地方军两大部分。

京军为全国卫军的精锐，平时宿卫京城，战时作为主力军征战四方。

地方军包括卫军、边兵和民兵。

卫军配置于内地各军事重镇和东南海防要地。

边兵是防御北方蒙古骑兵的戍守部队，配置于东起鸭绿江、西抵嘉峪关的九个军镇，即"九边"。

民兵是军籍之外、由官府掌管、用以维持地方治安的武装，内地称民壮、义勇或弓兵、机兵、快手，西北边地称土兵，西南少数民族地区有苗兵、狼兵等土司兵。此外，还有不同行业和阶层组建的矿兵、盐兵、僧兵，如少林兵和五台兵等，遇有战争时常被召出征，战争结束后仍回原地。

　　卫军主要是步军、骑军，东南沿海也有水师。官府曾命福建、江浙沿海诸卫造船抗倭，使水师获得了很大的发展。

　　明代设在地方统率军队的部门分为都指挥使司、卫、所三级。

　　都指挥使司又叫都司，是负责一个地区统率军队的领导机关，辖若干卫、所。都指挥使司是省一级"三司"之一，设都指挥使一人、都指挥同知二人、都指挥金事四人，还根据需要设置若干僚佐胥吏。全国各个都指挥使司分属中央五军都督府领导。

　　在都司以下，军队的组织分卫、所两级。每卫设指挥使一人为长官，统兵五千人。卫以下再分为五个千户所，设千户为长官，统兵一千人。千户所以下再分为十个百户所，设百户为长官，统兵一百人。在百户之下设两个总旗，每个总旗下有五个小旗，每小旗统兵十人。

　　卫、所的分布主要根据军事的需要，一般在形势险要的地方设卫，以下再分设千户所为军事据点。

　　除此以外，明代还设有专门的特殊卫、所和军队，如所谓亲军各卫，又叫上十二卫，是专门负责警卫皇宫和皇城的御林军，其中的锦衣卫逐渐发展成为特务部门，由皇帝直接指挥。这些卫不归五军都督府统率，直属皇帝。又如在军队中设有京军三大营，也是直属皇帝的装备好、训练精的特种部队，五军都督府对它们也是无权过问的。

　　明代兵勇曾抗击瓦剌和倭寇，也曾抵御后金入侵军，有过不少可歌可泣的事迹。

（二）清代

　　清朝是中国历史上最后一个封建王朝，也是中国历史上第二个由少数民族统治中国全境的中央政权。

1616 年，努尔哈赤建立王朝，国号金，史称后金，定都于赫图阿拉。

1625 年，努尔哈赤迁都沈阳，改称盛京。

1636 年，清太宗皇太极称帝，改国号为大清，改族名为满洲。

1644 年，统治中原的明王朝被农民起义领袖李自成所灭，明将吴三桂引清兵入关，打败李自成的大顺军，多尔衮迎顺治皇帝入关，并迁都北京，清朝从此取代明朝成为整个中国的实际统治者。

后来，康熙皇帝平三藩，收台湾，统一了全国。

清朝经康熙皇帝、雍正皇帝、乾隆皇帝励精图治，因战乱而遭到严重破坏的经济逐步得到恢复和发展。这段历史被后人称为康乾盛世或康雍乾盛世。

清代前期主要实行八旗、绿营兵制。

八旗军是清太祖努尔哈赤创建的军事组织。他起兵后不久，便对女真族存在的兼具生产和军事职能的社会组织——牛录进行改造，先后建立了黄、白、红、蓝、镶黄、镶蓝、镶白、镶红八旗。皇太极时，又按民族分为满八旗、蒙八旗和汉军八旗。各旗设立都统、副都统、参领、佐领等官职，逐级统辖。从努尔哈赤创建八旗到 1644 年清军攻占北京这一阶段，八旗兵民合一，兼具军事、行政和生产等多方面的职能。出则为兵，入则为民，耕战二事，未尝偏废，堪称一支能征善战的精兵劲旅。

八旗军作战时军纪颇严，有进无退，甚至在死伤惨重、尸堆如山的情况下仍无人退缩逃阵。原来满族信奉萨满教，认为阵亡不是战死而是成神了。另外，谁的俘虏便可成为谁的奴隶。因此，八旗军在作战时人人奋勇，个个争先。

清朝定都北京后，满洲八旗兵成为保卫国家、镇压人民的工具。

八旗军有"禁卫"和"驻防"之别。

禁卫八旗驻守北京：镶黄旗在安定门内，正白旗在东直门内，镶白旗在朝阳门内，正蓝旗在崇文门内，正黄旗在德胜门内，正红旗在西直门内，镶红旗

在阜成门内，镶蓝旗在宣武门内。

驻防八旗分驻全国各军事重镇，总数约数万人，后渐有增加。

绿营兵制是参照明朝卫所制建立的汉族兵制。绿营兵由招募的汉人和收编的汉族地主武装组成，以绿旗为标志，以营为单位编组。

八旗兵和绿营兵都实行薪给制，按年月发给一定的饷银和米粮。

清代以八旗监视绿营，八旗兵薪饷高于绿营兵，八旗兵武器装备优于绿营兵，这是政治上的民族歧视政策在军制上的反映。

1840 年鸦片战争后，封建军制开始全面崩溃，清朝八旗兵、绿营兵为勇营和新军所取代。新军和近代海军的出现，标志着中国古代军制开始向近代军制过渡。

雍正、乾隆年间，朝廷遇有战事时，如果八旗兵和绿营兵不够用，就临时招募军队，称为勇营。战事结束后立即解散，不属国家正式军队，即使有功的也不留用。

清末太平天国起兵时，曾国藩以办团练起家，创立了湘军。湘军即勇营。

这时，清廷才改非正式的勇营为正规军，定兵制，发饷粮。从此，勇营成了国家的正规军主力。

六、古代著名兵勇

(一) 青州兵

东汉末年，爆发了轰轰烈烈的黄巾大起义。

起义领袖张角自称天公将军，利用民间宗教组织"太平道"为工具，提出"苍天已死，黄天当立，岁在甲子，天下大吉"的口号，在全国设立 36 方，约定时间，以头戴黄巾为标志，发动了大起义。

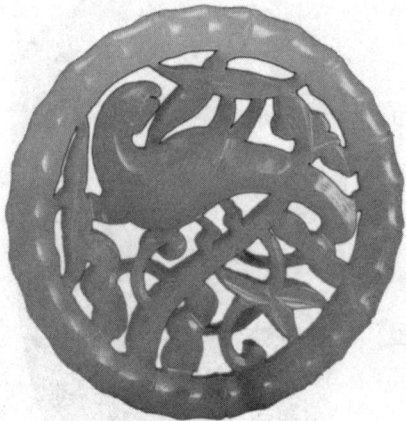

起义初期，张角率领荆、扬、幽、并等州的义军对京城洛阳形成四面包围之势。东汉朝廷调兵遣将，残酷镇压，张角失败，不久病死，黄巾主力被歼，被俘十万多人。

这时，青州黄巾军没有受到多大损失，各地起义军残部纷纷到青州集结，形成了声势浩大的"青州黄巾军"。

青州黄巾军在青州经营数年，采取"且战且耕"的政策，实力大增。

随后，青州军运动作战，转战于青、兖、冀三州之间，击败北海相孔融，杀掉济北相鲍信，消灭了兖州刺史刘岱的主力，发展到百万余人，最后集结于兖州地区。

黄巾军虽然人数众多，作战勇敢，但也面临着严重的困难：一是在与公孙瓒的战斗中辎重尽失，后勤补给极端缺乏，只得靠掳掠维持；二是带着大量家眷，行动不便。

起义军的根据地是青州，而此时袁绍部将臧洪与公孙瓒部将田楷正在青州大战，青州黄巾军已不可能再回到青州屯田生产了。

恰在这时，青州黄巾军遇到了强大的对手曹操。

曹操奉命讨伐青州黄巾军，所向披靡。他带领的部队人数虽然不多，但训练有素，战斗力较强。

曹操抓住青州黄巾军行动不便、补给困难的弱点，避免与之正面冲突，而是采取轻骑突袭的战术，令青州黄巾军防不胜防。

在这种情况下，青州黄巾军一面向青州方向退却，一面与曹操谈判，企图说服曹操一道反对汉朝。青州黄巾军曾给曹操发一道檄书，其中有这样一段话："昔在济南，毁坏神坛，其道乃与中黄太乙同。似若知道，今更迷惑。汉行已尽，黄家当立，天之大运非君才力所能存也。"

这段话是说："将军从前担任济南相时，曾毁坏汉室刘家的神坛，这种做法和黄巾军信奉的太平道是相合的。将军似乎通晓大道，而现在却被汉廷迷惑了。汉朝气数已尽，黄家当代天而立。天之大运如此，汉朝不是将军的才力所能保得住的。"檄书劝曹操不要同黄巾为敌，应该与黄巾军同心合力推翻汉朝。

当初，曹操担任济南相时，曾禁断淫祠，把汉朝诸王滥建的祠堂拆毁。黄巾军认为曹操也反对汉室，把曹操引为"同道"，企图说服曹操同黄巾军一道作战。曹操知道用武力镇压黄巾军会给自己造成很大的损失，于是便将计就计，利用所谓"同道"关系，对困境中的青州黄巾军进行诱降。

曹操胸怀大志，精通兵法，曾为《孙子兵法》作注。他想青州黄巾军能征惯战，如能为自己所用，岂不如虎添翼了吗？

曹操和青州黄巾军一面交战，一面谈判。经过几个月的酝酿，这支实力强大的青州农民武装终于在曹操所谓"宽待"的条件下接受收编了。

曹操收编的青州黄巾军多达三十余万，随军男女老幼眷属更是多达百余万。曹操从中选拔精锐十余万，号称"青州兵"。从此，青州兵成了他争夺天下的主力部队。

同时，曹操还学习青州黄巾军"且战且耕"的做法，把黄巾军百余万随军家眷及其携带的耕牛农具作为基本劳动力和生产资料，设置屯田，开荒种粮，为军队服务。

朝廷接到捷报，汉献帝大喜，加封曹操为镇东将军。

曹操有了这十万青州兵做家底，又招贤纳士，扩大队伍，威名日重。

曹操势力越来越大，投靠他的人也越来越多了。一天，他手下的谋士对他说："将军，要想消灭各地拥兵自重的军阀，必须利用皇帝的名义号令天下才行，这叫'挟天子以令诸侯'。"曹操一听大喜，马上照办。

建安元年（196年）八月，曹操前往洛阳，将汉献帝挟到许昌，牢牢地控制在自己手中。从此，他自己专断朝政，汉献帝成了傀儡，百官也全得听他的。曹操用亲信担任皇宫卫士，看住朝廷。自己出征时，让谋士荀彧管理朝政。从此，朝中大权全归曹操，汉朝天下已名存实亡了。

接着，曹操南征北战，东攻西讨，打败了张绣，杀掉了吕布，击破了袁术，又用汉献帝的名义封孙策为吴侯，稳住了江东。

袁绍见曹操日益强大，不禁坐立不安。汉献帝建安五年（200年）二月，袁绍亲自统领十万大军从邺城出发，进攻许昌，要消灭曹操。曹操接到报告后，立即亲率青州兵迎战，大败袁绍，所杀八万余人，血流成河，青州兵之骁勇震惊天下。

依靠青州兵，曹操将中国北部置于自己的统治之下了。

（二）北府兵

北府兵是东晋孝武帝初年由谢玄组建训练的一支劲旅。

谢玄是东晋名将，字幼度，陈郡阳夏（今河南太康）人。他是东晋宰相谢安的侄子。

当时，北方的前秦越来越强大。前秦王苻坚四处用兵，逐渐统一了中国北方，并多次侵扰晋国边境。

前秦成了东晋的心腹之患，于是东晋朝廷决定挑选一位能够防御前秦的良将。

晋孝武帝太元二年（377年）十月，谢安向朝廷推荐谢玄。中书郎郗超虽

中国古代兵家与兵书

然一向和谢氏不和，但听到这一举荐却十分高兴，他称赞道："谢安不顾舆论反对，敢于推荐亲人，这是明智之举；谢玄必不负众望，其才足以胜任。"这时，朝臣都不赞同郗超的意见，郗超又说："我曾经与谢玄共事，发现他极会用人，能做到人尽其才，我太了解他了。"

于是，朝廷任命谢玄为建武将军、兖州刺史，兼广陵相、监江北诸军事，镇守广陵（今江苏扬州）。

谢玄上任后，仔细分析了当时的形势，鉴于晋军缺乏战斗力的实情，立即悬榜招募勇士，组成一支新军。他所招募的人多是从北方逃难的农民，朴实忠厚。这些人背井离乡，历尽磨难，吃苦耐劳。他们有北上抗敌、重返故园的强烈愿望和思乡之情。经过一段时期的严格训练，这支新军成了能征善战的劲旅。

太元四年（379年），谢玄受命兼任徐州刺史，镇守京口。东晋称京口为"北府"，因此谢玄成立的这支劲旅被称为"北府兵"。北府兵成立不久，便在淝水之战中立了大功。

原来，前秦皇帝苻坚统一北方后，雄心勃勃，总想消灭东晋，统一天下。

他在几次小规模的战争中打败晋军后，竟骄傲起来，自以为天下无敌，决定向东晋发起大规模的进攻。

东晋孝武帝太元八年（383年）八月，苻坚亲自率领步兵六十万、骑兵二十七万，号称百万大军，浩浩荡荡向东南地区进发了。他把军队分作三路：一路由他的弟弟苻融和鲜卑人慕容垂率领，共二十五万人，作为前锋，从长安出发东进；一路由羌人姚苌率领，沿长江顺流而下；另一路从幽州出发南下。

这时，东晋由谢安担任宰相，掌握军政大权。在强敌压境、生死存亡的关头，东晋统治集团在谢安的领导下空前地团结起来了。他们决定抵抗前秦的进攻，紧张地进行军事部署。谢安自任征讨大都督，命令谢石指挥全军，谢玄担任先锋，带领八万兵马迎击秦军。谢安派大将胡彬率领水军五千增援淝水之滨的寿阳城。

前秦军队由于兵马太多，战线拉得很长。苻融率领的先锋部队经过一个多月的日夜行军，才到达淮

河北岸的颍口。

符坚求胜心切，不等其他各路人马到齐，就命令符融攻下了寿阳。寿阳是军事重镇，它的得失对于整个战局具有举足轻重的作用。

增援寿阳的胡彬在半路上接到寿阳失守的消息后，只好退守硖石。

符融攻下寿阳后，一面继续攻打硖石，一面派部将梁成带领五万人马向西推进，占领军事要地洛涧。梁成在那里扎下了许多水寨，把谢玄带领的八万晋军挡在洛涧东边。

符坚听说已经攻下寿阳，高兴极了，当夜就带了八千轻骑兵到了寿阳，然后派尚书朱序到晋军大营去劝谢石投降。

朱序本来是东晋的将领，四年前，他在襄阳和前秦军队作战时兵败被俘，受到符坚的器重，但他始终不忘东晋。现在，他认为自己为东晋出力的机会到了。他到东晋大营后，不但没有劝降，反而向谢石献上破秦之策说："秦兵百万，势不可当。现在应当趁他们各路兵马还未到齐之机，先打败他们的先锋，挫伤他们的锐气。大军进攻时我可以作内应，协助破敌。"谢石等人经过反复研究，决定首先袭击洛涧的秦军，让朱序在晋军进攻秦军主力时再配合行动。

谢石命猛将刘牢之率领北府兵在夜间神不知鬼不觉地摸到洛涧，向秦军阵地发起突然袭击。

正在睡梦中的梁成忽然听到喊杀声，吓得出了一身冷汗。他慌慌张张地从床上爬起来上马迎战，结果被刘牢之一刀斩于马下。秦军失去主将，无心再战，大败而逃。

晋军乘胜追击，谢石带领晋军主力渡过洛涧，在离寿阳城只有四里地的八公山扎下营寨。

在寿阳城里的符坚接到洛涧方面失利的消息，忙和符融一起登上寿阳城楼，瞭望晋军动静。只见晋军壁垒森严，旌旗如林，八公山上的晋军密密麻麻的。看到这种情景，符坚吃了一惊，对符融说："你看，漫山遍野全是晋兵，没想到他们有这么多人!"他连忙下令,要各处秦军严密防守,没有他的命令不许出击。

其实,八公山上并没有晋军。苻坚因为秦军在洛涧吃了败仗,伤了锐气,心里发慌,眼花缭乱,才把八公山上的草木看成是晋兵了。这也是成语"草木皆兵"的由来。

过了几天,谢石派了一个使者到寿阳城里向苻融下战书,要求定期决战,条件是秦军把阵地向后移动一些,腾出一块空地作战场,让晋军渡过淝水和秦军决战。

苻融立即报告苻坚,两人一商量,同意后撤,以便趁晋军渡河时突然袭击,把晋军消灭在淝水里。

到了约定的日子,苻坚传下号令,叫秦军拔营后退,好让晋军渡河。秦军中的各族士兵大多数是被强迫赶来打仗的,他们本来就不愿意替苻坚卖命,现在一听说要拔营后退,就像决了堤的洪水一样转拼命向后跑。

这时,晋军按预定计划,由谢玄、谢琰等将领带着八千骑兵冒着严寒抢渡淝水,冲向秦军阵地。

朱序看见秦军后撤,晋军渡河,就在秦军阵后大声喊道:"秦军败了!秦军败了!"正在向后退的秦军听到喊声,以为真的打了败仗,便争先恐后地只顾逃命了。苻融飞身上马,跑过去阻止队伍后退,结果连人带马被挤倒在地。他还没来得及从地上爬起来,就被晋军一刀砍死了。

秦军见苻融被杀,吓得个个如惊弓之鸟,抱头鼠窜。他们听见随风飘来的八公山上的鹤鸣声,也以为是晋军追上来了,慌得自相践踏,死亡无数,尸横遍野,血流成河。

晋军乘胜追击,一口气追了三十多里才收兵。

苻坚退回长安,清点一下人马,原来的几十万人只剩下十分之二三了。

在淝水之战中,谢玄、刘牢之率领的北府兵发挥了主力军的作用。

此后，北府兵乘胜北伐，先后收复今河南、山东境内黄河以南的大片土地。刘牢之率领的北府兵先锋部队曾一度打到黄河以北的邺城。

（三）岳家军

北宋时期，中国东北地区的辽国和金国为了掠夺财富，经常向北宋发动大规模的侵略战争。

辽军和金军南侵，给北宋人民带来了深重的灾难。一些主战派将领坚决主张抗击，岳飞就是其中最著名的一员。

岳飞，河南汤阴人，出身农家。童年时，岳飞跟从名师学武，能左右开弓，成为一名无敌的长枪手。岳飞深受儒家思想影响，为人讲究忠孝。他喜欢学习中国历史，并精通兵法。19岁时，岳飞投军抗辽，不久因父丧退伍，回乡守孝。宋钦宗靖康元年（1126年），金兵大举入侵中原，岳飞再次投军。岳飞投军后，因作战勇敢，很快升为秉义郎。不久，宋都开封被金军围困，岳飞随副元帅宗泽多次打败金军，受到宗泽的赏识。同年，金军攻破开封，俘获宋徽宗和宋钦宗，北宋灭亡了。靖康二年五月，康王赵构登基，史称为宋高宗。岳飞出于爱国心，上书高宗，请求收复失地。不料，他的请求不但被驳回，而且还被革了军职。岳飞改投河北都统张所，担任中军统领，在太行山一带抗击金军，屡建战功。后来，岳飞又归东京留守宗泽指挥，因战功升任武功郎。宗泽死后，岳飞跟从继任东京留守的杜充镇守开封。

建炎三年（1129年），金将兀术率金军再次南侵，杜充放弃开封，率军南逃。

岳飞孤掌难鸣，只得随军南下。

这年秋天，兀术继续率军南侵。改任建康（今江苏南京）留守的杜充不战而降，金军得以渡过长江天险，攻下临安（今杭州）、越州（今绍兴）、明州（今宁波）等地，高宗被迫流亡海上。这时，岳飞率孤军坚持敌后作战，在广德袭击金军后卫，六战六捷。金军进攻常州时，岳飞率部驰援，四战四捷。

次年，岳飞在牛头山设伏，大破金兀术，收复建康，金军被迫北撤。岳飞挽救了南宋朝廷，从此威名大震，传遍南北。

这年七月，岳飞升任通州镇抚使，拥有官兵万余人。于是，岳飞抓紧练兵，很快建立起一支纪律严明、作战骁勇的抗金劲旅，人称"岳家军"。

岳家军纪律严明，冻死不拆民屋，饿死不掳掠百姓财物。

岳飞亲自率领岳家军参加了126次战役，未尝一败，是名副其实的百战百胜的常胜将军。

绍兴三年（1133年），岳飞率岳家军剿灭李成、张用等游寇，高宗赏赐"精忠岳飞"锦旗一面。

次年四月，岳飞率岳家军北上，击破金国傀儡伪齐政权的军队，收复襄阳、信阳等六郡，岳飞因军功升任清远军节度使。

同年十二月，岳飞又率岳家军大败金兵于庐州（今安徽合肥），金兵被迫北还。

绍兴五年（1135年），岳飞率岳家军打败了杨么起义军，从中收编了五六万精兵，使岳家军实力大增。

绍兴七年（1137年），岳飞升任太尉。

岳飞屡次上表，建议高宗兴师北伐，一举收复中原，都被高宗拒绝了。

绍兴九年（1139年），高宗和秦桧与金国议和，向金国称臣纳贡。这使岳飞不胜愤懑，立即上表要求辞职，以示抗议。

次年，兀术撕毁和约，再次大举南侵，岳飞奉命出兵反击。

岳飞率领岳家军长驱直入，势如破竹，相继收复郑州、洛阳等地，又在郾城大破金军精锐铁骑兵"拐子马"，乘胜进驻距开封仅四十五里的朱仙镇。

原来，兀术有一支战斗力极强的骑兵队，装备了重铠甲，用绳索连在一起，三人一组，号称"拐子马"，宋朝的军队不敢与之交敌。在郾城大战中，兀术率一万五千拐子马上阵，岳飞命令步兵手持短刀杀入敌阵，不许抬头看，只许低头砍马腿。拐子马连在一起，一匹马倒下，另两匹马便不能前进了。这时，岳家军奋起攻击，杀声震天，一举大破金军。兀术大哭道："自从海上起兵，全靠拐子马获胜，这下完了！"

兀术被迫退守开封，金军士气沮丧，发出"撼山易，撼岳家军难"的哀叹，不敢出战。

在朱仙镇，岳飞招兵买马，派人连络河北义军，积极准备渡过黄河，收复失地，直捣黄龙府。他激动地对诸将说："直捣黄龙府，与诸君痛饮耳！"

这时，高宗和秦桧却一心求和，连发十二道金牌，命令岳飞退兵。岳飞见沦于金人铁蹄下的大好河山难以收复，抑制不住内心悲奋，仰天长叹道："十年之功，毁于一旦！所得州郡，一朝全休！社稷江山，难以中兴！乾坤世界，无由再复！"

岳飞壮志难酬，只好率领岳家军挥泪班师。

岳飞一生廉洁正直，从不计较个人得失。有人问他："什么时候天下才能太平？"岳飞回答说："文臣不爱钱，武臣不怕死，天下便可太平了！"

岳飞率岳家军坚持抗金，爱国爱民，因此受到历代人民的尊敬。

（四）戚家军

戚继光是中国明朝军事家、抗倭名将、民族英雄。

戚继光,字元敬，号南塘，山东登州（今蓬莱）人。戚继光17岁时承袭父职，出任登州卫指挥佥事，一生有四十余年在军中度过。

明朝嘉靖年间，倭寇窜扰中国东南沿海，烧杀掳掠，无恶不作，激起人民的强烈反抗。戚继光立志保国卫民，写下"封侯非我意，但愿海波平"的名句。

倭寇是指13世纪至16世纪期间，以日本为基地，活跃于朝鲜半岛及中国大陆沿岸的海上入侵者。在倭寇最强盛之时，他们的活动范围曾远至东亚各地。

倭寇的组成并非仅限于日本海盗，只是由于这批海盗最初都来自当时称为倭国的日本，所以被统称"倭寇"。后来，由于日本国内政治形势转变，加上官府的管制，日本人出海抢掠船只的事件渐渐减少，取而代之的是来自中国和朝鲜的海商与海盗。他们按照过去倭寇抢掠的方式继续为祸于东海，也被归于倭寇之列。

最初，倭寇指日本海盗，主要攻击范围为当时臣服于元朝的高丽。因为高丽军在元世祖忽必烈两次进攻日本时，曾随军出征，屠杀过日本对马、壹岐、松浦、五岛列岛等地的居民，所以前期倭寇以这些地区的残存者为主要成员，对于高丽进行报复，一方面在于夺回被俘的岛民，一方面为了掠夺粮食以弥补因遭虐杀而下降的农业生产。

后来，日本进入南北朝动乱时期，倭寇的活动由于政府管制减弱而加剧。由于前期倭寇对明朝海上贸易造成破坏，初成立的明朝政府对日本和朝鲜发出讨伐倭寇的要求，倭寇逐渐减少了。这是前期倭寇。

明成祖发动叛乱，夺取政权，迁都北京后，建文皇帝在南方的残余势力与日本海盗合作，在中国东南沿海展开报复性侵扰。因为这些南方人体型上比北方人矮小，所以沿用"倭寇"这个名词来称呼由日本人与中国南方人所组成的海盗集团。

明成祖晚年，激增的海陆贸易受到了倭寇侵扰，遂实行海禁政策，只开放官方贸易。后来，沿海治安

古代兵勇

39

多次陷入危机，明朝遂宣布中断一切贸易，期望以围堵的政策来减轻倭寇的威胁。这样一来，断绝了许多相关从业人员——渔业、手工业、造船业、贸易等方面的从业人员的生计，致使贸易地下化，商业纠纷无从解决，遂转为武力报复，倭寇之乱不减反增，造成了嘉靖倭乱。

明朝南方人王直曾上书朝廷，请求开放海禁。被拒绝后，王直把反明基地设在日本的平户藩，以反对明朝海禁政策的中国南方人为基础，与日本海盗合作，从事武力走私。这是后期倭寇。

后期倭寇穷凶极恶，杀人不眨眼，给中国东南沿海居民造成了极大的灾难。

明朝沿海驻军在抗倭战斗中屡战屡败，无力保护海防。

嘉靖三十四年（1555年），为打击倭寇，朝廷调戚继光到浙江担任都司，次年提升他为参将，负责镇守倭寇猖獗的宁波、绍兴、台州三府。

经过几年征战，戚继光发现明军将骄兵惰，纪律松弛，战斗力低，无力担当抗倭的重任。

经上报批准后，戚继光于嘉靖三十八年（1559年）亲自到金华、义乌等地招募精壮的农民和矿工四千余人，按年龄和身材配发不同兵器，进行编组训练。

在军训中，戚继光以"岳家军"为榜样，教育士兵苦练杀敌本领，要勇猛顽强，服从命令，严守纪律，爱护百姓。不久，一支闻名天下的"戚家军"诞生了。

戚继光赏罚严明，不计个人恩怨，平时与官兵同甘共苦，因而深受士兵拥戴。

倭寇惯用重箭、长枪和倭刀作战，浙闽沿海又多山陵沼泽，道路崎岖，大部队兵力不易展开，而倭寇又善于设伏，好短兵相接。

戚继光针对南方水乡地形和倭寇作战特点，创造了攻防兼宜的"鸳鸯阵"，以十二人为一队，长短兵器配合，因敌制宜，因地制宜，随时变换队形，灵活作战，在浙江九战皆捷，沉重地打击了倭寇。

"鸳鸯阵"最前面的是队长，其身后二人一执长牌，一执藤牌，长牌手手执长盾牌遮挡倭寇的重箭、长枪，藤牌手手执轻便的藤盾并带有标枪、腰刀，长牌手和藤牌手主要掩护后队前进，藤牌手除了掩护还可与敌人展开近战。再后面二人为狼筅手，手执狼筅。狼筅是利用南方生长的毛竹，选择其中坚实者，将竹端斜削成尖状，并保留四周尖锐的枝杈。每支狼筅长 3 米左右，狼筅手利用狼筅前端的利刃刺杀敌人，以掩护盾牌手的推进和后面长枪手的进击。接着是四名手执长枪的长枪手，左右各二人，分别照应前面左右两边的盾牌手和狼筅手。再跟进的是使用短刀的短兵手，如果长枪手未刺中敌人，短兵手即持短刀冲上前去劈杀敌人。最后一名为负责伙食的火夫。"鸳鸯阵"不但使矛与盾、长枪与短刀紧密结合，充分发挥了各种兵器的效能，而且阵形变化灵活。作战时可以根据情况和作战需要变纵队为横队，变一阵为左右两小阵或左中右三小阵。当变成两小阵时称"两才阵"，左右盾牌手分别随左右狼筅手、长枪手和短兵手，护卫其进攻；当变成三小阵时称"三才阵"，狼筅手、长枪手和短兵手居中。盾牌手在左右两侧护卫。这种变化了的阵法称"变鸳鸯阵"。这种阵法运用起来灵活机动，正好抑制了倭寇优势的发挥。

戚家军经过"鸳鸯阵"的演练后，在与倭寇的作战中每战皆捷，堪称百战百胜。

接着，戚继光又奉命进剿猖獗于福建沿海的倭寇。

当时，横屿岛（今福建省宁德县东）是倭寇在闽北的巢穴。此岛四面环水，易守难攻。

战前，戚继光周密部署，选择

古代兵勇

41

退潮之机，命令将士轻装进剿，携草捆盖于淤泥之上，铺出一条道路，出敌不意地登上海岛，歼倭2600余人。

戚继光乘胜进击，又捣毁了倭寇设在牛田（今福建省南）和林墩（今福建省莆田县南）的巢穴。

嘉靖四十二年（1563年）四月，戚继光奉命率兵万余与明将俞大猷、刘显部联合进攻倭寇据为巢穴的平海卫（今福建省莆田县东南），斩倭2200余人。戚继光因军功升任福建总兵。

同年冬天，倭寇万余人围攻仙游（今属福建省），次年二月戚继光率军数千驰救。战前，戚继光用计迷惑敌人，先稳住倭寇。等援军到达后，内外配合，各个击破，解了仙游之围。戚继光乘胜追歼逃倭，毙敌数千。

此后，戚继光又率戚家军转战福建、广东沿海，继续抗倭。

在戚家军的沉重打击下，到嘉靖四十五年（1566年）时，窜扰我国东南沿海的倭寇基本被肃清了。

在戚家军的拥戴下，戚继光百战百胜，成了一位人人称颂的保家卫国的民族英雄。

中国历史上的劲旅

　　自人类出现以来，战争就一直没有停止过。我国历史上的历代统治者，为了维护其统治，都极其重视军队，而精锐的军队便可堪称劲旅。孙武的吴军、吴起的武卒、白起的秦军、项羽的楚军、霍去病的汉骑兵、沈庆之的南梁军、岳飞的岳家军、成吉思汗的蒙古铁骑、戚继光的戚家军、曾国藩的湘军都骁勇善战、战功赫赫、并称为中国历史上杰出的十大劲旅。

一、孙武的吴军

自人类出现以来，战争就一直没有停止过。战争是政治集团之间、民族之间、国家之间的矛盾的最高斗争表现形式，是解决纠纷的一种最高、最暴力的手段，通常也是最快捷、最有效果的解决方法。中国的历代王朝，为了维护其统治，都极其重视自己的军队，而精锐的军队便可堪称劲旅。

孙武的吴军、吴起的武卒、白起的秦军、项羽的楚军、霍去病的汉骑兵、沈庆之的南梁军、岳家军、成吉思汗的蒙古铁骑、戚继光的戚家军、曾国藩的湘军都骁勇善战、战功赫赫，并称中国历史上杰出的十大劲旅。

（一）一代兵圣——孙武

公元前551年，山东曲阜诞生了中国古代伟大的思想家和教育家——孔子，十六年后，山东广饶又诞生了我国古代一位伟大的军事家和军事理论家。他就是被后世称为"山东文武两圣人"之一的"武圣"——孙武。孙武也就是孙子，

兵聖孫武

字长卿，齐国人，后人又尊称其为孙武子。

孙武自幼聪慧睿智，机敏过人，勤奋好学，善于思考，富于创见，逐渐显现出对军事的爱好和特有的天赋。又因其生在一个祖辈都精通军事的世袭贵族家庭，从小受到将门家庭的熏陶，所以特别喜欢军事。每当祖父、父亲从朝中回到家里，年幼的孙武总是缠着他们讲故事。他特别喜欢听打仗的故事，而且百听不厌。

除了听故事，孙武还有一个最大的爱好就是看书，尤其是兵书。孙家祖辈精通军事，家中收藏的兵书非常多。小孙武就喜欢拿着写满字的竹简翻看，边看边想，不明白的地方就请教家里聘的老师，或直接找祖父、父亲问个明白。

有一次，孙武读到"国之大事，在祀与戎"，他就跑去问老师："先生，祀是什么？戎是什么？"

老师想今天孙武问的问题倒是简单，于是随口说："祀是祭祀，戎是兵戎。"

孙武接着问："祭祀是种精神寄托，怎么能和兵戎相提并论为国家的大事呢？"

老师也愣住了，一时答不出来。

孙武接着说："只有兵，才是国家的大事，是君臣不可不察的大事。"

孙武长到8岁，被送到当时的学校接受系统的基础知识教育。在所有的课程中，他最喜欢的就是"射"和"御"。因为"射"和"御"是战场拼杀的基本技能，也是齐国社会竞技活动的主要项目。

齐国自古就有"尚武"之风，齐人的祖先就以善射远近闻名。受尚武思想

中国历史上的劲旅

45

的影响，齐国从国君到士兵，莫不以勇武为荣。"射"和"御"，是齐人首练的武技，主要用于长距离的攻击，是军事活动的重要手段。齐人向来以"射"术和"御"术的高低为荣辱，这已成为一种社会风尚。要想出仕入相，为国家重用，首先必须练好这两门科目。

于是孙武刻苦练习，对"射"和"御"这两门科目投入了比其他学生多数倍的努力，甚至到了废寝忘食的地步。功夫不负有心人，不久他就成了同辈贵族少年中的佼佼者。

但孙武没有满足，没有就此止步，依旧是冬练三九，夏练三伏。因为他志不在小，年少的心中有一个理想，那就是长大后要像他的祖父、叔父一样，成为一位驰骋疆场的大将军。

时光荏苒，二十年后，这位少年果然成为春秋时期的一代兵圣。

（二）孙武出山

公元前512年，南方新兴的吴国国君阖闾即位已三年，此时吴国国内稳定，储备充足，军队精悍，战事的准备工作基本就绪。阖闾为图霸业，准备向西进兵攻打楚国，但是，一时难以选出一位合适的将领。伍子胥建议吴王说，这样的长途远征，一定要选一位神通韬略的军事家筹划指挥，方能取胜。接下来，他向吴王阖闾推荐了孙武，向吴王介绍孙武的家世、人品和才干，称赞孙武是个文能安邦，武能定国的盖世奇才。此时的孙武正在吴国隐居著书，吴王连孙武这个名字都不曾听说过，认为一介农夫不会有什么大本事，也就没往心里去。伍子胥便反复推荐，仅一个早晨就推荐了七次，吴王才答应接见孙武。

孙武就带着他刚写成的《孙子兵法》十三篇进见吴王。吴王一边看一边连声称好，但忽然想，这兵法写得头头是道，但不知是否适合于战争的实际应用？这个人能写兵法，又怎么能证明他不是个纸上谈兵的人？便有心为难他，让他当场用宫女来小规模地演练一下。这便上演了历史上有名的"吴宫教战斩美姬"的故事。

吴王将宫中一百八十名美女召到宫后的练兵场，交给孙武去演练。孙武把一百八十名宫女分为左右两队，指定吴王最宠爱的两位美姬为左右队长，让她们带领宫女进行操练，同时指派自己的驾车人和陪乘担任军吏，负责执行军法。

分派之后，孙武站在指挥台上，认真宣讲操练要领。他说道："你们都知道自己的前心、后背和左右手吧？向前，就是目视前方；向左，视左手；向右，视右手；向后，视后背。一切行动，都以鼓声为准。"安排就绪，孙武便击鼓发令，然而尽管孙武三令五申，宫女们虽口中应答，心中却感到新奇、好玩，于是不听号令，哈哈大笑，队形散乱。孙武便召集军吏，要按兵法斩杀两位队长。这时看台上的吴王可坐不住了，他见孙武要杀掉自己的爱姬，马上派人传命说："寡人已经知道将军能用兵了，没有这两个美人侍候，寡人吃饭也没有味道，请将军赦免她们。"孙武毫不留情地说："臣已受命为将，将在外，君命有所不受。"孙武执意杀掉了两位队长，任命两队的排头充当队长，继续练兵。当孙武再次击鼓发令时，众宫女前后左右，进退回旋，跪爬滚起，全都合乎规矩，阵形十分整齐。于是孙武派人去请阖闾检阅，阖闾因为失去了爱姬，心中不悦，就托辞不来，孙武便去亲自拜请阖闾。他说："令行禁止，赏罚分明，这是兵家的常法，为将治军的通则。对士卒一定要威严，只有这样，他们才会听从号令，打仗才能克敌制胜。"听了孙武的一番解释，吴王阖闾怒气消了，并任命孙武为将军。

在孙武的严格训练下，吴军的军事素质明显提高，这为吴国在不久后爆发的吴楚大战中获胜奠定了基础。

（三）柏举吴军定天下

"千里破楚，五战入郢"，《史记·孙子吴起列传》中有："（吴国）西破强楚，入郢；北威齐、晋，显名诸侯，孙子与有力焉！"这里所说的"西破强楚，入郢"一事，就是春秋末期（公元前506年）爆发的著名的吴楚柏举之战。

这是一场精心筹划的长途奔袭战，是一场给楚人留下永久伤痛的颠覆战，也是一场将阖闾推上霸主地位的奠基战。

在这场战争中，孙武带领吴军改写了楚国霸权的历史。

吴国和楚国是春秋时期的两个国家，为了争夺霸权，从公元前584年两国第一次交战开始，其后六十年里先后发生十次大规模的战争，据统计，十次大战中，吴军全胜六次，楚军全胜一次，互有胜负三次。可见，柏举之战前，吴军已经在整体上占据了战略的主动权。

吴王阖闾是一位英明有为的君主，他即位以后励精图治，发展生产，并大胆起用伍子胥、孙武等外来杰出军政人才，积极从事争霸大业。这时，西方的强楚，就成了吴国胜利前进道路上的最大障碍。也就是说，只要打垮或者削弱楚国，阖闾才能实现自己成为中原霸主的梦想，所以吴楚大战势在必行。可谓吉人自有天助，当时的楚国长年征战，百姓疲惫，财力衰竭，政治黑暗，君臣离心，这些都为阖闾实现梦想提供了有利的契机。

从整体上来说，楚对吴还是有一定优势的。所以公元前512年，阖闾第一次提出大举攻楚的战略计划时，孙武认为不妥，便进言道："楚军是天下的一支劲旅，而我军新近打了两次仗，应养精蓄锐，等待良机。"于是，吴国积极运用谋略，主动创造条件，悄悄地进行着优劣的转换：首先是不痛不痒地弄掉了

中国古代兵家与兵书

楚的两个小属国钟吾（江苏宿迁）和舒（安徽庐江），这为伐楚扫清了道路；其次，也是更为重要的，是孙武和伍子胥共同制订了一套扰楚、疲楚的高明战略。他们将吴军分为三支轮番出击，一会儿是夷（安徽涡阳），一会儿是潜（安徽霍山），一会儿又是六（安徽六安），很有游击战的味道，让楚国大军疲于奔命。一奔就是六年，再强大的国家也被拖垮了。更高明的是，吴国的持续骚扰，让楚国误以为吴国只不过是小打小闹而已，渐渐放松了警惕。

公元前506年，吴国终于等来了对楚国进行致命一击的时刻。由于当时楚国的兵力远胜于吴国，统帅孙武决定采用快速作战的方针。这年冬天，吴王出动全国三万水陆之师，对楚国进行战略奇袭。吴军沿着淮水向西进军，后来孙武为了作战神速，使敌人没有准备，便改水路为陆路。随后他挑选精壮士兵三千五百人，以急行军的方式，秘密挺进到楚国的边境，取得了"出其不意，攻其不备"的战略效果。这次行动堪称实践孙武"以迂为直"原则的杰出典范。

毫无准备的楚昭王得到消息，急忙派大将囊瓦和沈尹戌率领全国兵力迎敌。

双方在柏举（今湖北安陆一带）展开决战。沈尹戍向囊瓦建议：由囊瓦率楚军主力正面设防，他本人则率部分兵力迂回到吴军的背后，然后对吴军实施前后夹击，一举消灭吴军。这是一个很有战略的计谋，可以说是楚军击败吴军的最好途径。

囊瓦起初同意了沈尹戍的建议，可是当沈尹戍率领部队出发以后，囊瓦却听信部下的谗言，害怕战争胜利后沈尹戍的功劳比自己的大，就改变了原来的作战计划，在没有充分准备的情况下，率先向吴军发起进攻。

孙武见楚军主动出击，大喜过望，立即建议撤退。囊瓦果然中计，尾随吴军而来，自小别山脉至大别山脉间，连续与吴军交战，但结果总是被孙武打败，从而士气低落、军队疲惫。

吴军见楚军已陷入完全被动的困境，于是当机立断，决定同楚军进行战略决战。十一月十九日，吴军在柏举（今湖北境内）列阵迎战楚军。吴军主动进攻，结果楚军不堪一击，阵势大乱。囊瓦失魂落魄，弃军逃奔郑国。

楚军主力在柏举决战中受到重创，然后向西狼狈而逃。吴军及时实施战略追击，尾随不舍。终于追及楚军并给予沉重的打击。这时，囊瓦的部队基本上失去了战斗力。沈尹戍得知囊瓦主力溃败，急忙率领军队赶来救援。吴军在孙武的指挥下，包围了沈尹戍的军队。在无法突围的情况下，沈尹戍命令部下割下自己的头向楚王报告。楚昭王听说前线部队打了败仗，不顾大臣们的反对，也不顾全城军民的生死存亡，悄悄带上几名家眷逃离了国都。这个消息传到前线，楚军立即涣散，吴军攻入楚国国都。于是柏举之战以吴军的辉煌胜利而告终。

柏举之战是春秋末期一次规模宏大、战法灵活、影响深远的大战。从柏举之战到拿下楚国的郢都，前后只有十天时间。这期间，楚军虽然敌寡我众，但却是五战五败，输得惨不忍睹。这固然与楚国备战不足和君臣无能有关，但与吴军以孙武为统帅，号令自一人出，坚定地贯彻自己的战略战术也是密不可分的。其一是采取了扰楚疲楚的正确策略，使楚军疲于奔命，并且松懈戒备；二是选择了很好的进攻方向，"以迂为直"，实施远距离战略袭击，使楚军准备不足，在十分被动的情况下仓促应战；三是把握有利的决战时机，先发制人，一鼓作气击败楚军的主力；四是及时进行战略追击，不给楚军任何重整旗鼓、进行反击的机会，最终得以顺利取得战争的胜利。

柏举之战使吴国一举战胜多年的敌手楚国，给了长期称霸的楚国十分沉重的打击，从而有力地改变了春秋晚期的整个战略格局，为吴国的进一步崛起以及进而争霸中原奠定了坚实的基础。

二、吴起的武卒

（一）坎坷的一生

今天我们提起先秦的军事家，可能会很自然地想到孙武和他伟大的著作《孙子兵法》，其实在战国时曾有一位与孙武齐名的军事家，他就是吴起。吴起是卫国左氏(今山东定陶县西)人，战国时期著名的政治改革家、军事将领和军事理论家。他著有《吴起兵法》，在中国古代军事典籍中占有重要地位。郭沫若称赞吴起是"中国历史上永不会磨灭的人物"。

吴起出身于没有政治特权的"千金"之家，他的父亲是一个富有的商人，早年累积了一些资产，但去世很早，少年吴起与母亲一起生活。从古至今，大凡英雄人物总是迫切地追求出人头地、有所作为，他们有着常人所不能理解的强烈梦想。吴起青年时期就怀有在政治上飞黄腾达的强烈愿望，但他并非将门世家出生，这注定了他要付出比别人更多的努力。

吴起自幼聪明异常，但却行为乖僻。他为了做官，出门四处进行游说，耗尽了父亲积攒的家产，却没有成功。失意的吴起竟然一怒之下杀了三十多个毁谤他的乡邻，逃出卫国向东而去。他在与母亲告别时说："我吴起不做上卿相，就绝不再回到卫国。"

此后吴起跑到鲁国拜儒家大师曾子为师，他潜心学习儒术，学业有成。曾子很欣赏吴起的聪明，没想到在吴起求学期间，他的母亲突然去世了。吴起由于自己对母亲立下的誓言没有实现，竟然没有回去奔丧。吴起的举动极大地违背了儒家关于孝道的传统，曾子因此很鄙视他的为人，和他断绝了师徒关系，并将他逐出师门。儒术没学成，吴起干脆跑去从军。不久，齐国攻打鲁国，鲁国国君听说吴起有大才，便想拜吴起为统帅，出兵抵御齐国。但是吴起娶了齐国的女子为妻，鲁君对此放心不下。为了消除鲁君的疑虑吴起竟然杀了自己的妻子，以此来撇清自己与齐国关系。鲁君最终拜他为帅，大败齐国。虽然吴起大获成功，但其"杀妻求将"的恶行成了永远抹不去的印记，不仅遭到鲁国人的唾骂，最后连鲁君也觉得吴起心地歹毒，最终革了他的职。

彷徨中的吴起听说魏文侯求贤若渴，便去投奔他。魏文侯以吴起作为统帅攻打秦国，在战场上，吴起充分显示了他过人的军事天赋，连续攻克五座城池。此后，吴起又在在西河担任太守，政治改革成果显著。出色的表现使吴起遭到同僚的嫉妒，为了躲避灾祸，吴起离开了魏国投奔楚国。

楚悼王重用吴起，准许吴起在楚国进行大刀阔斧的改革，谁料他的改革又触犯了贵族的利益。在楚悼王的丧礼上，仇视吴起的贵族向他发起袭击，吴起索性跑到楚悼王的尸体旁，伏在尸体上，作乱者却依然乱箭齐发，终将吴起射死，也把楚悼王的尸体射得千疮百孔。新王登基之后，将因射刺吴起而射中了悼王尸体的人全部杀死，因射刺吴起被诛灭宗族的竟达到七十多家。而吴起的尸体也早被车裂肢解了。吴起死时约 60 岁，在楚国共生活了四年。

（二）辉煌的业绩

吴起的一生是充满传奇的一生。吴起每到一国，只要国君重用他，他必然能使该国强大起来。吴起既是伟大的军事家，又是有所作为的政治家。

吴起在魏国时，魏文侯命他攻打秦国，吴起不负所望，在两年的时间里，陆续攻占了临晋、元里、洛阴、郃阳等地，使秦军一直退守到洛水，这样，黄河以西至洛水的大部分地区，都归魏国所有。特别是公元前 389 年的阴晋之战，吴起以五万魏军，击败了十倍于己

的秦军，成为中国战争史上以少胜多的著名战役，也使魏国成为战国初期强大的诸侯国。

吴起做将军时，和最下层的士兵同衣同食。睡觉时不铺席子，行军时不骑马坐车，亲自背干粮，和士兵共担劳苦。野营在外时，吴起作为一位大将军，仅仅以树枝遮体，微微抵挡一下冰霜雨露，从不搞特殊化。这种吃苦耐劳精神，使他堪称将领们的典范。

关于吴起，还有一些有趣的故事。

有一次，一个士兵身上长了个脓疮，为了不让士兵的伤口化脓而发炎，作为一军统帅的吴起，竟然亲自用嘴为士兵吸吮脓血，全军上下无不为之感动。然而这个士兵的母亲得知这个消息时却哭了。

有人奇怪地问："你儿子不过是个小小的兵卒，将军亲自为他吸脓疮，你哭什么呢？儿子得到将军的厚爱，这是你家的福分啊！"

这位母亲哭诉道："这哪里是在爱我的儿子啊，分明是让我儿子为他卖命。想当初吴将军也曾为孩子的父亲吸脓血，结果打仗时，他父亲格外卖力，奋勇冲锋在前，最终战死沙场；现在他又这样对待我的儿子，我真是不知道这孩子什么时候就再也回不来了啊！"

吴起在军中是很得人心的。吴起爱兵，是他治军的一个特点；而他治军的另一个特点，则是严刑峻法。

在一次对秦作战中，一个士兵没有接到命令就奋勇进击，斩获敌人两颗首级。谁知吴起不但没有赏赐，反而命令立即将其斩首。

负责执行军法的官吏为之求情："将军，不能杀，这是勇武的士兵啊。"

吴起说："是勇武的士兵不假，但是不遵守我命令的士兵，就必须处死。"

吴起的爱兵和严法，使士兵既感恩又服气，使军队更便于指挥，更有战斗力。

吴起一生为鲁、魏、楚三国建立了巨大的功勋。他在魏国建立的制度，使得魏国成为战国初期的头号超级大国；入楚后又实行变法，他强调以法治国，废除人浮于事的职位，剥夺豪门贵戚的政治特权和经济特权，满足军队的需要，加强军队的建设，让第一线士兵有更好的生活保障。这样，在吴起的治理下，楚国短时间内就强大起来。凭借国力的强盛，吴起又收服了众多的少数民族部落；兼并了陈国和蔡国，挡住了三晋的南侵；向西讨伐了强大的秦国。一时间，各诸侯国都敬畏强大起来的楚国。令人遗憾和不平的是，楚国在吴起的治理下虽然强大起来了，但楚国的贵族们却因自身利益受损而对吴起咬牙切齿，这导致了后来吴起的惨死。

可以说，吴起的才华胜过了孙武，吴起智慧过人，胸怀远大，既能治兵又能治国，但他因为不奔母丧、杀妻求将等劣迹，而在品德上沾染了巨大的污点，这也就是吴起的名声远逊于孙武的原因。《吴起兵法》是继《孙子兵法》之后的又一部珍贵的军事著作。吴起虽为人有缺陷，然而并不能影响他以杰出军事家的身份在青史上占有一席之地。

（三）武卒与阴晋之战

吴起治军主张兵不在多，而在"治"。"魏武卒"就是吴起训练的精锐步兵，是我国军事史上第一支职业化和具有专业化性质的军队。魏武卒与吴起一样具有传奇色彩，是当世的步战士兵中最为精锐和剽悍的。

吴起在镇守西河期间，首创了考选士兵的方法：穿上全套的铠甲，手执一支长戈，身上背着五十支长箭和一张铁胎硬弓，同时携带三天军粮（这一套东西要百十多斤），连续急行军一百里还能立即投入激战的士兵，才可以成为武卒并享受优厚的待遇。为了提高军队的作战速度，吴起开始训练将士们骑马作战，于是，一个兼有战车和步卒优点的新兵种—骑兵应运而生了！吴起再一次走到

了时代的前面，这一举措不仅在当时的中国是先进的，就是在世界范围内也是绝对领先的。经过长达两年的艰苦训练，武卒成为了一支"疾如风，徐如林，侵略如火，不动如山"的强悍铁军。

公元前405年，一支在后来的二十几年中威震列国的军队—"魏武卒"在西河正式诞生了。正是这样一支精锐的军队，在公元前389年的阴晋之战中，以五万的数量击败十倍于己的秦军，谱写了中国战争史上以少胜多的著名战役。

魏文侯在位时，国力强盛，曾经派出大批军队攻取了秦国河西地区，使秦军退守洛水一带。秦国失去河西战略要地，其安全受到严重威胁。经过数年的准备，秦国开始进攻魏国，先后与魏国交战于汪和武城，企图夺回河西要地，魏国军队则全力与秦军作战。公元前389年，秦国再次调集五十万大军，浩浩荡荡进攻秦国东进道路上的重要城邑阴晋。秦军在阴晋城外布下营垒，形势十分危急。魏国在河西驻守了一支精锐军队，那就是武卒。时住西河太守的吴起为激励军队保持高昂士气，请魏武侯来参加军队的庆功宴，使宴会达到了最高的规格。他又根据军功的大小和有无，在座位、餐具和食品等方面严格加以区别。立大功的坐前排，使用金、银、铜制的贵重餐具，可以吃到猪肉、牛肉、羊肉；立次功者坐中排，贵重餐具和食品都相应减少；无功者坐后排，不允许使用贵重餐具。宴会结束后，吴起还在大门外论功赏赐有功者的父母妻子。吴起每年都慰问阵亡者的家属，并派人赏赐他们的父母。如此治军三年，士兵无不争相立功。这次秦军一进攻河西，武卒立即有数万士兵不待命令就自动穿戴铠甲，要求作战。面对这次秦军的大规模进攻，吴起请魏武侯派五万名没有立过功的人为步兵，由自己率领反击秦军。武侯同意了，并加派战车五百乘、骑兵三千人。战前一天，吴起向三军发布命令说，诸吏士都应当跟他一起去对敌作战，无论车兵、骑兵和步兵，"若车不得车，骑不得骑，徒不得徒，虽破军皆无功"。然后，吴起率领武卒在阴晋向秦军发起反击。武卒人数虽少，却个个奋勇杀敌，以一当十。武卒经过反复冲杀，大败五十万秦军，取得了辉煌的战果。

三、白起的秦军

（一）战神白起

公元前 475 年，中国进入到战国时代，在那个战火纷飞的年代，逐渐强大起来的秦国崛起了一位卓越的军事统帅，他就是白起。白起征战三十七年，斩首百万，攻城百余，掠地万里，一生未曾打过一次败仗！成为当时六国无可正敌的军事将领，为秦国的统一大业立下了汗马功劳，他的战绩创造了中国兵法的最高典范。《史记》中称白起"料敌合变，出奇无穷，声震天下"。

当年秦国实行的是法家军功制度，几乎所有的大将都是在战场中拼杀出来的，即便是世家子弟，没有功劳，就只是兵士一名。在这种环境下，诞生了白起这个从基层凭战功一步一步走向无敌的大将。战国四大名将—白起、李牧、廉颇、王翦，都没有经过系统的兵家学习，而是纯粹的"行伍出身"，从小兵做起，在杀戮与拼杀中凭借战功不断提升，名留后世。

其他战国名将，如魏国的吴起、庞涓，齐国的孙膑，燕国的乐毅，都是先拜师学习，成为兵家名士后，再前往心仪的国家，希望得到英明君主的赏识。而且他们都懂政治、讲权谋，所以，在某种程度上说，他们不能算是纯粹的战场之斗将。

白起不懂政治，他是从战争中一步一步搏杀成大将的。公元前 294 年，白起第一次作为秦的将领，去攻打韩国的新城。新城之战是白起的第一场战争，他作为一位中级将领，一战告捷，初步展示了自己的军事才华。从此，秦国进入了白起的征战时代。

新城之战，打开了秦国东进的大门，韩国当然不会善罢甘休，便找到魏国帮忙夺回新城，于是韩魏联合了二十四万大军，聚集在伊阙（今洛阳域内），向白起宣战。此时白起的秦军在数量上只有韩、魏联军的一半，并且联军占据着险要的地势。然而天才就是善于审时度势，能看到战争里面最关键的那个点是什么。白起很快发现联军各自保存实力，互相推诿，谁也不肯先战。针对这种情况，他果断地采取了集中兵力、各个击破的战术。先设疑兵牵制联军主力韩军，然后集中兵力出其不意地猛攻魏军，一举将其歼灭，并杀死了主将犀武。随后立即转用兵力攻打韩军。韩军翼侧暴露，遭秦军夹击，溃败而逃。白起乘胜追击，又全歼韩军，俘虏了韩将公孙喜。这样，白起彻底扫平了秦国东进的道路。

白起用兵灵活，一向以精通韬略著称。伊阙之战之后，在攻打楚国的鄢郢之战中采用掏心战术，并附以水攻，仅用万余人便攻克了楚的都城。华阳之战中采用了长途奔袭。长平之战中则先假装败退，然后断敌粮道，歼敌四十五万。开创了我国历史上最早、规模最大的包围歼灭战。

白起一生领兵打仗无数，共歼灭六国军队一百余万。这个天文数字不能不让人瞠目。攻六国城池大小七十余座，然而谁能想到，在战火连天的岁月里，他一生从来没有打过败仗，并且经常以少胜多。

六国军队只要听说是白起带兵来战，都闻风而胆寒，就是因为秦人有此将军。一个将领到了这样一种地步，在战争史上是很少见的。

可以说白起是为战争而生的一个人，战争就是他的生命。他左右了整个战国的格局，秦统一中国的基础就是白起一手奠定的。军事上，他是一个最纯粹的战神。中华名将从古到今有很多，有的长于突击，有的善于围歼，有的谋于野战，有的智于攻坚。但要说全才，恐怕只有白起一人——他可以将攻城掠地，野战突袭，打围聚歼，奇兵埋伏等等集于一身。

(二) 长平之战

长平之战已经被载入了战争史册，人类战争史上，长平之战可谓浓墨重彩的一笔。

公元前260年，秦国与赵国在长平决战。战争持续了整整两年，最后以秦国的胜利而终结。长平之战既是改写历史的关键战役，也是世界军事史上最残酷、最壮烈的重大战役，更是中国历史上最早、最彻底的围歼战。其规模之大、战果之辉煌，在世界战争史上也是罕见的。

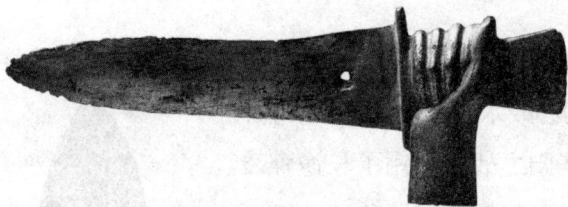

白起攻打韩国之后，占领了野王城，切断了韩国上党郡和国都的联系。韩国想要献出上党郡来向秦国求和，但是上党郡的郡守不愿投降，而请赵国发兵来取上党郡，这就给秦国攻打赵国留下了借口。

公元前260年，秦国和赵国总共调集了一百万的军队在长平展开了殊死大战，为了使赵军轻敌，秦昭襄王先任王龁为将，白起作为秘密武器在战争的中途才被秘密派往战场。赵国的统帅是久经沙场的老将廉颇。双方僵持了多日，赵军损失巨大。廉颇便根据敌强己弱、初战失利的形势，决定采取坚守阵营来等待秦兵进攻的战略。秦军不管怎么挑衅，赵军也不出兵。不懂战术的赵王多次责备廉颇。这时秦相应侯范雎便派心腹带着一千斤黄金悄悄潜入赵国，上上下下打点妥当。不多时，赵国都城邯郸便流言四起，就连赵孝成王的亲戚和左右近臣也都开始议论纷纷，"人老无刚啊，老将廉颇只会坚守不出，怎么能抵挡强大的秦军呢？""秦军最怕的就是年轻的赵括将军啊！"赵王听信流言，派赵括替代了廉颇为将。可惜赵括初出茅庐，急功近利而又清虚浮躁，他的上任导致赵国大难临头，最终灭亡。

果然，赵括上任以后，一反廉颇的战略部署，不仅临战更改部队的制度，而且大批撤换将领，使赵军战斗力下降。当战争进行到关键阶段的时候，秦昭襄王暗中换上了白起为统帅。赵括虽骄傲自大，但也畏惧白起为将。所以秦王下了一道密旨：有胆敢泄露武安君（白起）为将者斩。从这个侧面也可以看出长平之战的重要性，这场战争是两国的生死大战，规模相当庞大，两国都调集了各自的全部兵力，两国的整个兵力加起来应该有一百万左右。在两千多年前，这无异于天文数字。双方谁都输不起。这场战争决定了战国晚期由谁来统一中国的问题。

白起接过兵权之后，针对赵括缺乏作战经验、鲁莽轻敌的特点，采取了后退诱敌、包围歼灭的作战方针。他命前沿部队承担诱敌任务，在赵军进攻以后，假装败走后撤；以主力军队坚守阵营，阻止赵军的进攻；以二万五千人为奇兵，布置在阵营的两翼，准备抄到赵军后方，切断其退路，协同主力军队围割赵军；最后以骑兵五千人插入赵军阵营中间，分割赵军。八月份，赵括在不明虚实的情况下，贸然采取进攻行动。秦军假意败走，暗中张开两翼设置的奇兵挟制赵军。赵军乘胜追到了秦军的壁垒，而秦军早有准备，壁垒十分坚固，赵军根本无法突破。白起又令两翼的奇兵迅速出击，将赵军截为三段。这时赵军的状况是首尾分离，粮道被断。秦军又派轻骑兵不断骚扰赵军。赵军的战势危急，只得就地筑构垒壁，转为防御，等待救援。

秦王听说赵军被围，粮道被切断，毅然亲临河内督战，把当地15岁以上的男子编组成军，调到长平战场，占据高地，断绝赵国的援军和粮草，以保障白起歼灭被围困的赵军。

到了九月份，赵兵已经断粮四十六天，饥饿不堪，甚至暗相杀食，情况异常危急。赵括走投无路，重新集结部队，分兵四队轮番突围，但都没有成功。他在绝望之余，亲自率精锐部队强行突围，结果被秦军射死。赵军因无主将指挥，四十万士兵全部投降白起。至此，长平大战以秦军的胜利告终。

然而，白起把投降的四十万赵国士兵全部坑杀，只将年纪尚小的二百四十名士兵放回赵国报信，赵国举国痛哭。这一战，秦军前后共歼灭赵军四十五万人，自身也伤亡过半。

白起坑杀降卒的行为，为自己留下了骂名。但我们今天仍然尊白起为战神—不要忘了，白起打的是歼灭战，以消灭敌人的有生力量为目的。战国时候人口不多，人力资源比国土资源更加宝贵。假使在一场战争中，俘获了大量的士兵，那么战争结束后，如果把他们放了，他们回到自己的国家，战争再次爆发时，他们仍是战士，战争会一场接着一场地打下去。

长平之战中，如果不杀掉投降的士兵，这四十五万赵军很快就将又组成队伍，秦军等于白白一战。白起为国家前途考虑，做出了残酷而无奈的选择。战后，六国中再无一国可与秦国抗衡，秦国的国力远远优越于同时代各国，这极大地加速了秦国统一中国的进程。

四、项羽的楚军

（一） 西楚霸王的一生

西楚霸王项羽是一座丰碑，永远在历史的长廊中供后人瞻仰。

项羽，楚国名将项燕的孙子，中国古代起义领袖，著名军事家、战略家。中国军事思想"勇战派"代表人物。人称西楚霸王，虽然不曾登上皇帝宝座，但权位如同皇帝一般，这在近古是从未有过的。他的出现，犹如彩虹架在雨后的天空，无比夺目；也犹如一道闪电划过黑暗的天空，令同时代的军事家都黯然失色。

少年时期的项羽就胸怀大志。他的叔父项梁曾经请人教他书法和诗歌，可项羽三天打渔两天晒网并不专心；后来他的叔父又请人教他武艺，过了一段时间他就不愿意学了；项梁很生气，项羽却振振有词地说："学文不过能记住姓名，学武不过能以一抵百，我要学便学万人敌！"于是项梁便教授他兵法。青年时的项羽曾经在浙江目睹秦始皇出巡，见那浩浩荡荡的阵势，项羽不禁脱口而出："我可以取代他。"可见他的远大志向和英雄气概。

后来陈胜、吴广大泽乡起义之后，项羽也和叔父举兵共同响应，项羽在一次战役中独自斩杀了许多敌人，展现了非凡的能力。24 岁的项羽，就这样开始了他传奇的军事人生。

公元前 208 年，项羽与秦国将领章邯在巨鹿大战。巨鹿之战是项羽的一个天才之作，是军事史上的典范。项羽率楚军与秦军九次较量，使秦军损兵折将，项羽乘胜追击，终于迫使章邯及其残兵投降。

秦朝被推翻以后，项羽在鸿门设宴招待刘邦，史称"鸿门宴"。鸿

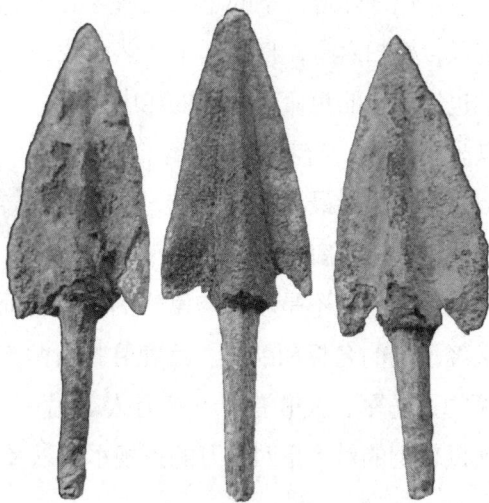

门宴是项羽永远无法弥补的缺憾，他刚愎自用，不听劝告，没有在宴会上杀掉刘邦，结果日后被刘邦所困而自杀身亡。

项羽虽有英雄气节，但也有残暴的一面，他坑杀了秦国降兵二十多万，失了人心。打下天下建都城的时候，不选择战略要地，却选了自己的故乡，原因无非是要让故乡人知道自己如今富贵了。

因为刚愎自用和性情残暴，项羽失去了很多谋臣义士，也失掉了民心，最终在楚汉之争中惨败。在垓下被刘邦的军队围得水泄不通，夜间率残兵冲出重围，逃到乌江边时只剩自己孤零零一个人，他觉得没有脸面见江东父老，于是没有上船逃走，而是在乌江边自杀身亡。

项羽的一生既是辉煌的一生，也是悲壮的一生。项羽是天才的军事家，但却远远不是天才的政治家。尽管这样，他的天才之作—巨鹿之战和彭城之战，千百年来依然足以光耀军事史。

（二）动人心弦的巨鹿之战

我们都知道大秦的军队是何等的雄风，横扫六国，打遍天下。然而我们也知道秦的短命。秦国的江山之所以坐得短暂，有其复杂的综合原因。但是给予大秦最沉重打击的，便是项羽的杰作—巨鹿之战。

巨鹿之战不是项羽与常人的较量，而是英雄与名将的较量。项羽的对手是久经沙场的名将和劲旅。巨鹿驻扎着两支秦军队伍。一支是赫赫有名的王离带领的边防军，大概有二十多万人。另一支由大将章邯带领，也同样作风刚猛。所以项羽的对手是四十万的正规军队以及当时的一代名将。

但是项羽的军队相比之下让人觉得势单力孤，人数只有五六万，主力军队只有三四万，是他叔父项梁的残军和他自己的亲兵，其余的都是收编的各路杂牌义军。所以项羽的军队是个大杂烩，战斗力没有经过测试，指挥起来肯定是有难度。并且，项羽不能打持久战，因为他的粮草供给不足；也不能逃跑，因为逃跑的路上会被秦军赶上。当时在巨鹿和项羽同一立场的，还有各路的诸侯援军，大家都知道这一仗关系重大、影响深远，但却都怕自己的军队被强大的秦军消灭，所以都在一旁观望，没人愿助项羽一臂之力。

然而，所谓天才，正是善于审时度势，排除万难，以自己最强攻击对方最弱，从而赢取胜利。

项羽立刻就发现了秦军的弱点，王离军围巨鹿，章邯军驻扎在他的南面，负责筑甬道运输粮草以及随时准备救援。所以只有切断他们之间的联系，集中自己的最强力量攻打其一，才有可能取胜。

所以项羽派英布、蒲将军率两万人为前锋，渡河切断秦军运粮的甬道，分割王离和章邯的军队。小胜后项羽发现甬道是秦军的弱点，就断然决定倾尽主力攻打甬道。他率领全部主力渡河，只带了三天的干粮，破釜沉舟，鼓舞士兵，只许胜，不许败。这支大杂烩的军队，本来向心力不足，但是项羽已将他们置之死地，不拼搏怎么能生存呢？所以都奋勇杀敌，与王离军交战，居然九战全胜！

这时反秦起义军看清了项羽的实力，便都一哄而上，参与进来，共同打败了秦军。巨鹿之战取得了光辉的胜利。

项羽的楚军，赢就赢在一个"快"字，项羽让士兵只带三天干粮，就是让他们要在三天之内击败秦军，夺取粮草。这实在出乎对方两元大将的意料，章邯听到项羽袭击甬道后，立刻带军赶来救援。项羽早有准备，以逸待劳，倾自己所有军队大败章邯军。而章邯无论如何也不会想到那是项羽

所有的军队。

（三）不可思议的彭城之战

项羽是天生的军事家，这种天赋，甚至是其他将领用毕生努力都换不来的。

彭城之战是他导演的又一场以少胜多的经典战役—项羽以三万楚军，千里奔波而来，歼灭了刘邦的五十六万大军。

秦国灭亡之后，项羽分封天下，在诸侯中称霸。此时的刘邦被封在偏远的巴蜀之地，刘邦一直心怀不满。项羽率楚军在东边平定齐国之乱时，后方空虚。刘邦于是率五十六万大军攻打项羽的都城彭城。一路上刘邦大军所向无敌，四月份攻下了彭城，这时的刘邦似乎已经胜利了。

而此时的项羽却陷入了空前的困境中。齐国还未平定，如果收兵回去救都城的话，齐国一定会从背后捅他一刀。而且这次刘邦是来者不善，善者不来，刘邦带来诸侯联军五十六万，而项羽自己的兵力远少于这个数字。城池都被刘邦占领，项羽如果掉头救援的话，就连个根据地都没有了。就算带兵回到了彭城，楚军也是千里奔波，敌人则以逸待劳，有所准备。

尤其让项羽失望的是，他曾经的盟友英布竟在这紧要关头背叛了他，没有出手相助，反而对项羽的危难作壁上观。

就在这重重逼迫下，一个流星般耀眼的计划在项羽的头脑里出现了—他决定采取长途偷袭战。

他让自己的部下率领大军继续不动声色地平定齐国，又以自己的镇定迷惑齐国，以自己的不管不顾迷惑刘邦。接着，他偷偷率领三万精兵千里奔波，绕到了彭城后方，也就是西南的萧县。楚军长途跋涉，走的是间接路线，绕了一个大圈子，项羽却掩饰得如此完美，以至于已经到了刘邦军队的后方，都丝毫没有被发觉。我们不得不佩服项羽高超的隐蔽性。

项羽的楚军到达彭城后方以后，就默默等待最佳时机，即刘邦兵将最松懈的时候。刘邦大军全部进入了彭城之后，城内混乱，而且将领们也都忙着部署迎战项羽的防御工作。一天清晨，彭城还在沉睡中，敌人正处于最疲惫的时候，忽然鼓声大作，项羽仿佛从天而降，率精兵大战彭城。刘邦大军恍若梦中，怎么都弄不明白——他们昨天还在打听北边齐国项羽的消息呢。

接着项羽直接对准刘邦的指挥中枢猛攻，这就使刘邦的指挥部处于瘫痪状态，来不及组织军队抵抗，根本没有喘息的机会。然后项羽又利用驱赶的方法把他们逼到了河边上，刘邦的士兵在混乱和拥挤中掉进河中淹死了。

这时，混乱中的联军由于无法与刘邦指挥中心取得联系，自然也没有组织起有力量的反抗。项羽采用了骑兵驱赶的方法，把联军引向了南方的谷水、泗水，共追杀了十多万联军。至此，这场不可思议以的三万人对五十六万人的大战，项羽胜局已定。

项羽的一次次伟大的胜利，就在于他能在局势如此不利的情况下迅速找到对方的弱点，这实在有赖于他的军事天赋。再宏大的阵势，也会存在弱点，战争就是要抓住对方的弱点猛攻，同时把自己的弱点缩到最小，而这正是项羽的过人之处。

五、霍去病的汉骑兵

（一）英雄出少年

霍去病是西汉的杰出将领，大将卫青的外甥，他以年轻、"善骑射"、勇于冲杀、敢于带兵深入而闻名于世。霍去病的一生是短暂的一生，但也是辉煌灿烂的一生。他未满 18 岁就主动请兵出征，多次击败匈奴，是令匈奴闻风丧胆的战神。24 岁病故。

霍去病的家庭比较特殊。他的母亲是平阳公主府的一名女仆，名叫卫少儿，在与平阳县的小吏霍仲孺私通以后生下了霍去病。霍去病尚在母亲腹中的时候，这位小吏就不愿意承认自己是孩子的父亲，所以霍去病就成了私生子。霍去病从小生活在下层人群中，生活十分艰苦，但这也养成了他勤奋、肯吃苦、坚毅的品格。他努力学习，从小就练就了骑马、射箭、击刺等各种武艺。

后来，他的姨母卫子夫被汉武帝看中，很快成为夫人，地位仅次于皇后。从此以后，卫氏家族就开始步步高升。但是谁也没有想到这个家族的平步青云居然改变了匈奴长期侵扰汉族的历史。

茂陵博物馆

中国古代兵家与兵书

68

在汉武帝以前，边境地区常常受到匈奴的侵略，但是面对野蛮的匈奴，国家总是战败，束手无策。所以"和亲"也就成了国家经常使用的手段。当年刘邦为了平息战争，就答应把公主嫁出去，吕后当然不舍得把自己的女儿嫁出去，于是就认了一个平民家的女子做女儿，将其远嫁他乡。

然而从卫氏家族崛起以后，这种百年不变的面貌竟然焕然一新。

公元前130年，汉武帝派兵分四路出塞。只有第一次领兵的卫青，出上谷直捣龙城，斩杀匈奴七百多人。从此，卫青的军事才华得到认可，武帝经常命他出征。

公元前123年，汉武帝再次组织了对匈奴的反击战争。这时霍去病不满18岁，但是他听说舅舅又要出征了，便心怀壮志地向汉武帝请战，武帝见他年轻英勇，就同意了，封他为骠姚校尉，由卫青挑选了八百名英勇善战的骑兵归他指挥。他率领着这支分队超前大军数百里地，在茫茫大漠里追击敌人，最终斩杀了两千多个敌人，抓获了单于的叔父，斩杀了单于的祖父。

霍去病初战告捷，以自己的实力宣布军事史上的一颗新星诞生了，而且不是一颗普通的新星，是汉家最具威慑力的一员大将！

之后，霍去病连连创下非凡的战绩，大战河西、决战漠北。由于他战功显赫，武帝封他为大司马骠骑将军。

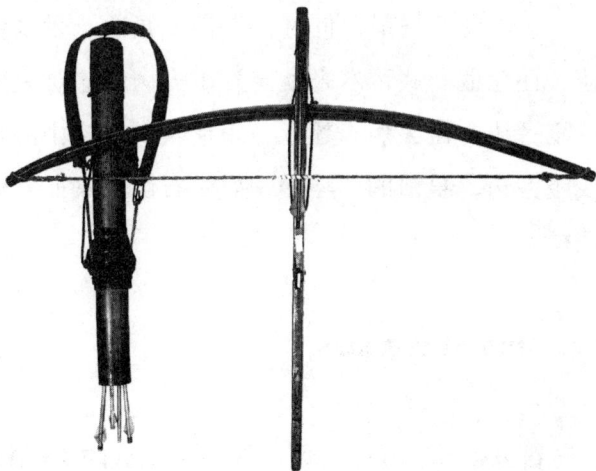

霍去病被封为大司马骠骑将军后，有一次出河东，过平阳时，与生父霍仲孺初次相见。此时他的生父仅仅是一个身份低微的小吏，然而难能可贵的是，霍去病竟然跪倒在地说："我很晚才知道我是您的遗子。"身为一军之将、国家重臣，霍去病对这个小吏如此尊敬，没有任何埋怨奚落之情，他原谅了这位从没抚养过他一天的父亲。后来，霍去病又将他同父异母的弟弟霍光带回京城，留在身边栽培成材。

霍去病一生在外征战，出生入死，茫茫大漠留下了他与汉骑兵多少足迹，落日余晖又照下了他们多少身影。我们赞叹他这种为国忠勇的豪情，我们也钦佩他不以家事为念的精神。汉武帝为了奖励他，为他修了一座豪华的府第，叫霍去病去看看是否满意。不料想霍去病竟然严肃地拒绝了，他对武帝说："匈奴未灭，无以家为也。"这短短九个字掷地有声，饱含耿耿忠心和豪情壮志。武帝也大为感动，从此更加宠爱霍去病。

然而可叹的是，霍去病刚刚被封为大司马骠骑将军两年，就因病去世了。

这位少年将军在世时，人们钦佩他、爱戴他；在他死后，人们都哀思他、怀念他。武帝本来就宠爱霍去病，这时更是悲伤，特意命人在自己的茂陵旁边为霍去病修建了一座形状像祁连山的陵墓。霍去病的墓至今仍在茂陵旁边，墓前的"马踏匈奴"石像，象征着他为国家立下的永不磨灭的战绩。

（二）汉骑兵威震塞外

霍去病所率领的骑兵，无论是八百人的"轻勇骑"，还是一万人、五万人的大军，都是武帝特批的让他自己精心挑选出来的优秀士兵。这些士兵不仅武艺高强，而且作战勇敢，加上优良的储备，所以霍去病的部队是汉军的一支精锐，战斗力远远强于其他将领的部队。

这支军队有一流的将领和一流的士兵，所向披靡，威震塞北。匈奴一度让边境的汉人家破人亡，而这支军队却让匈奴唱出了这样的哀歌："亡我祁连山，使我六畜不蕃息；失我焉支山，使我妇女无颜色。"

霍去病及其汉骑兵大败匈奴主要有三次战争，两次是河西大战，一次是漠北之战。这三次大战一次比一次规模大，一次比一次精彩，漠北之战一直打到今天俄罗斯的贝加尔湖，方才收兵。真是长我民族威，快我人民心！

公元前121年春天，武帝任命霍去病为骠骑将军，独自率精兵一万攻打匈奴。这就是河西大战。在霍去病的指挥下，汉骑兵势如破竹，所向披靡，在茫茫大漠中长途奔袭，打了一场漂亮的大迂回战。六天之内穿过五个匈奴王国，一路猛进，在皋兰山与匈奴发生激战。在这场硬战中，霍去病惨胜，一万精兵仅仅剩余了三千人。而匈奴更是被打得落花流水，卢侯王和折兰王都被阵斩，浑邪王子以及相国、都尉都被活捉，八千九百多个匈奴兵被歼灭。连匈奴体屠王的祭天金神像都被霍去病当做战利品运了回来。汉骑兵大获全胜，汉武帝非常高兴，封霍去病为食邑两千户。此后，汉王朝中再也没有人去质疑少年霍去病的统军能力，他成为士兵最崇敬的将领，士兵都希望能跟随霍去病征战，后来他舅舅卫青麾下的一些将士都追随了霍去病。

这年夏天，汉武帝决定乘胜全部肃清匈奴在河西地区的势力，打通进入西域之路，于是又发动了第二次河西之战。这次霍去病理所当然地成为了汉军的统帅，老将李广等人作为他的策应部队。然而，配合作战的公孙敖在大漠中迷了路，而老将李广的部队被一支匈奴部队围住。霍去病只好孤军深入，一直抵达祁连山。霍去病的战术神秘莫测，打得匈奴晕头转向，

再次惨败。祁连山一战，霍去病总共接受匈奴单桓王、酋涂王及相国、都尉等二千五百多人投降；抓获了王母、单于阏氏、王子、相国、将军、当户、都尉等一百二十多人；歼灭了匈奴兵三万多人。

这场战役之后，匈奴只好灰溜溜地退到了焉支山北面，大汉王朝收复了河西平原。汉军士气大振，而19岁的霍去病也成了令匈奴闻风丧胆的常胜将军。

匈奴主力虽然远逃漠北，但是仍未放弃对汉族边境的侵犯和掠夺。公元前119年，汉武帝决定远征漠北，彻底消灭匈奴主力。此时的霍去病已经毫无争议地成为了攻打匈奴的头号将领。

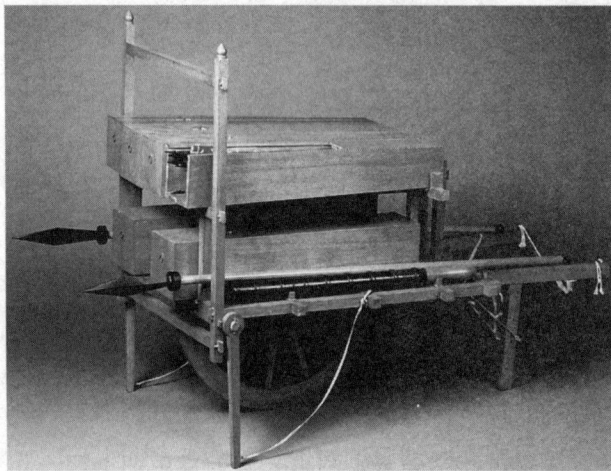

这次远征，卫青和霍去病各领骑兵五万，分两路向漠北进军。卫青出塞后一千多里，遇到匈奴单于的主力，将其打败，斩杀了一万九千多人，又追了很远才胜利而归。

而霍去病出发以后，重用几位投降的匈奴将领，在大漠里纵横驰骋，翻山越河，奔袭了两千多里，整整是卫青军队行军距离的两倍，路途极其遥远，艰苦可想而知，壮志雄心也可见一斑！与匈奴左贤王相遇后，大败左贤王，活捉匈奴王爷三人，以及将军、相国、当户、都尉八十三人。歼灭匈奴兵竟然达到七万名，使匈奴左贤王的军队几乎全军覆没。霍去病率兵一直追到了狼居胥山。为了庆祝这次胜利，霍去病在狼居胥山举行了祭天封礼，在姑衍山举行了祭地禅礼。这不仅是一种仪式，更表明了少年霍去病要把匈奴赶到天涯海角的信心和雄心。之后他登上了瀚海，也就是今天俄罗斯境内的贝加尔湖，在湖边的石头上刻下汉军的丰功伟绩，然后凯旋。

这一大快人心的远征令人们心潮澎湃，更让无数文人吟咏感怀，"铁骑猛扫狼居胥，金戈狂扫焉支山""瀚海登临，狼居封禅，殊功建树"。而这一年，霍去病年仅22岁。

从此以后，匈奴迁到更偏远的地方去了，长城内外一片和平气象，人民安居乐业。

霍去病及其汉骑兵谱写了汉民族战争史中最为荡气回肠的战役，历经千年，仍然让我们在心底深深地感动，让无数汉族儿女为之热血沸腾。

六、沈庆之的南梁军

（一）大器晚成的将军

西晋末年东晋初年，当时南方的一些少数民族开始大规模地入侵，此后情况越来越严重。南方少数民族种族繁多，到南朝时，竟然占据了南朝相当广阔的一片地域。这些少数民族烧杀掠抢，使南方地区广大百姓的生活不得安宁，朝廷的半壁江山陷入了巨大的危机之中。

后来，这些南方少数民族终于遇到了克星，一位威震南疆的将军出现了，他在知天命和花甲之年使敌人闻风丧胆——他就是沈庆之。

沈庆之，生于今天浙江一带，南北朝时期的著名将领。他并非像霍去病一样英雄出少年，他是一位大器晚成的将军，40 岁的时候尚不出名。

少年时候的沈庆之，是一个有理想的人。399年，五斗米邪教教主孙泰的侄子孙恩发动了有名的孙恩之乱。当时沈庆之未满 18 岁，也跟随同乡的人一同与叛乱军作战，并且表现得很勇敢。

然而，他的军事才能没有得到充分发挥。叛乱被镇压下去之后，乡里的百姓都失散迁徙了。沈庆之也只好去种田耕地了，自己养活自己。时间一年一年过去了，沈庆之 30 岁了，依然没受到命运之神的眷顾。也许正是因为南方少数民族的猖狂，南方百姓的苦恨，军事天赋超群的沈庆之才从默默无闻的人群中凸显出来。

沈庆之的哥哥沈敞之是赵伦之的征虏参军。有一次，沈庆之去看望他的哥哥，恰巧遇见了赵伦之，经过一番交谈，赵伦之觉得沈庆之是一个很有理想、很有才华的人，便让自己的儿子—竟陵太守赵伯符任命沈庆之为宁远中兵参军。沈庆之去了之后就开始帮助赵伯符反击来侵犯的野蛮人，他摸索着总结出了一套对付野蛮人的方法。而赵伯符自从有了沈庆之的帮助，每次作战都会取得胜利，赵伯符因功劳显著，得了将帅之称。

而沈庆之仅仅是殿中员外将军。后来，一个重要的转机来临了。430年，沈庆之随赵伯符一起参加了河南之战，赵伯符途中生病，半路返回。于是沈庆之有机会与当时北宋的头号名将檀道济一起北伐，并显示了他的军事才能。回来之后，檀道济在文帝面前夸奖沈庆之忠谨晓兵，这样大家才了解了他的能力。于是文帝让沈庆之领兵防卫东掖门，后来回京后做了淮陵太守。这个时候他已经四五十岁了。

领军将领刘湛知道了沈庆之的才能后，想把这个人才拉拢到自己身边，谁知沈庆之一脸正气地拒绝了他，说道："下官我是在省城十多年了，应该上调的时候就上调了，不想因这事烦累您。"不久之后，沈庆之果然转为了正员将军。

沈庆之这一生对皇帝忠心耿耿，不管时局怎样，都毫无二心。

440年，文帝深夜召见沈庆之入宫，沈庆之穿着戎装就来了。文帝见了非常惊讶，问他怎么打扮成这样。沈庆之说："深夜召见我，一定是有非常紧急的事情，为了赶时间，我就不能准备衣着了。"皇帝对沈庆之的回答非常满意，便派他去抓捕吴郡太守刘斌，并将其斩首。

之后，沈庆之被封为员外散骑侍郎。

几年后，又被封为建威将军，从此开始了他勇镇南疆的辉煌的后半生。

他不仅是南蛮的克星，在北伐战争中也是战绩非凡，简直是文帝的左膀右臂。另外，在宋朝的内战中，沈庆之也始终对皇室忠心不二，为宋朝中央统治的稳定贡献了自己的力量。

而沈庆之的人格更让我们钦佩。455年，沈庆之已是年满70岁的老人，便向皇帝请求辞去职务。皇帝念他这么多年一直在战场拼杀，便授予了他好几个显要的官衔，可沈庆之却诚恳地回绝了皇帝。于是皇帝准许他辞职，给了他很高的待遇。沈庆之还多次请求皇帝降低他的待遇。名利虽是身外之物，却千百年诱惑着世人的心，真是难得沈庆之淡泊自守，与凡事皆为利往的贪官形成了鲜明的对比。

465 年初，沈庆之做了一个梦，梦见有人拿着两匹绢送给他，对他说："这两匹绢够长了。"醒来以后，沈庆之有一种不祥的预感，他对家里人说："也许我今年将不会幸免于难。两匹，也就是八十尺。够长了，没有余下的了。而我今年恰好 80 岁啊。"果然这一年，兢兢业业、忠心耿耿的沈庆之，因多次对皇帝诚恳进言而被皇帝赐死。享年 80 岁。

（二）勇镇南疆

442 年，宋朝雍州刺史刘道产病故了，这对宋朝可是个不小的损失。刘道产在任时，善于管理，人民都安居乐业，汉族和当地的南方少数民族倒还相安无事。可是他死后，后来的刺史却管理不好了。于是南方少数民族开始闹事，反抗宋朝。南方地区又陷入了人心惶惶、混乱不安的局面。宋朝便派征西司马朱修之领兵镇压，结果朱修之首战就遭到惨败。这时，朝廷想起沈庆之，就封沈庆之为建威将军，派他去协助朱修之。

谁想到朱修之不久就进了监狱，于是 56 岁的沈庆之代替了他的位置。第一次战争，就俘虏了万余人，大长了其军队的威风。之后沈庆之升任广陵王诞北中郎中兵参军，为南东平太守，又为武陵王刘骏做军中兵参军。

445 年，沔水沿岸各部落的野蛮人又开始嚣张，聚众闹事，反抗宋朝，使水陆交通全都堵塞了。大宋王朝简直忍无可忍。七月，武陵王刘骏掌管雍州刺史，去襄阳就职，并派沈庆之领兵前往讨伐。沈庆之再次显现了他的军事才华，以迅雷不及掩耳之势打了敌人一个措手不及，大败南蛮兵，这一次又俘获了两万多人。同时，刘骏亲临襄阳，但各族野蛮人竟然切断了驿道，还妄图攻打随郡。随郡太守柳元景赶紧招募了六七百人组织拦截。这一仗在沈庆之的指挥下，堪称出神入化，竟以七百人的军队抓获了七万南蛮兵。

449 年的十二月，又是一场恶战。

雍州地区的野蛮人又开始发动叛乱，严重干扰了我国南方地区广大汉人的和平生活。无义之师必遭歼灭，宋朝对此进行了坚决的镇压。沈庆之跟随刘诞

来到了襄州，率将士两万人去打一场斗智斗勇的恶战。沈庆之命四员大将分兵四路进攻，自己负责总指挥以及一侧的进攻。这一次，蛮族狡诈地放弃了野战，利用居高临下的地形防守，并向下投放了滚滚巨石和利剑。沈庆之的军队奋勇前进却无法突破，一时间士兵的鲜血洒满了山谷。在困难面前，沈庆之没有屈服，他经过冷静的分析，很快制订了新的作战方案。他让自己的将士们改变战术，摆脱拦截的野蛮人，大胆出击，迅速地冲向敌人的核心地带。果然，这种闪击战术使蛮族胆战心惊，来不及抵御，防御工事瞬间被攻破。沈庆之的军队再一次取得了大胜。

然而蛮族却此起彼伏，连冬都没让沈庆之的大军过好，冬月，南新郡的野蛮人大头目田彦生发动了叛乱。他们进城以后，见到什么抢什么，无论贵贱；见人就杀，无论老少。掠杀之后，野兽一般地将城郡以火焚毁。这暴行实在令人发指！随后赶来的沈庆之军队热血沸腾，迅猛追赶到白杨山，满含着愤怒荡平了田彦生的部队，使这个丧心病狂的头目死无丧身之地。

沈庆之的后半生注定在马背和战场上度过。白杨山之战后一年，他又马不停蹄地赶往茹丘山讨伐大羊蛮。面对蛮军异常坚固的防御系统，沈庆之只好先打理好自己阵营的防御工作。他神招妙计，令各个军营开门相通，还特别让士兵在营内挖掘水池。不久后一个月黑风高的晚上，蛮军来偷袭烧营寨，沈庆之军队早有准备，用池水浇灭火焰，并用箭使蛮兵落荒而逃。后来山上的蛮兵虽然防守坚固，但被围困久了，粮草没了，只好下山投降。

这一场场的胜利，使沈庆之成为了威震南疆的军神。他患有头风，经常戴着狐皮帽，因此得到了"苍头公"的外号。当地的野蛮兵每次看

到沈庆之的军队，都胆战心惊地说："不好了，苍头公又杀回来了！"

　　沈庆之以如此的高龄在南方地区驱除南蛮，战绩显赫，为我国南方地区的和平和安定奋战了数十年。让后世的中华儿女为之敬仰。

七、岳家军

（一）精忠报国——岳飞

怒发冲冠，凭栏处潇潇雨歇。
抬望眼，仰天长啸，壮怀激烈。
三十功名尘与土，
八千里路云和月。
莫等闲，白了少年头，空悲切。
靖康耻，犹未雪；
臣子恨，何时灭！
驾长车踏破贺兰山缺。
壮志饥餐胡虏肉，
笑谈渴饮匈奴血。
待从头，收拾旧山河，朝天阙！

好一个怒发冲冠，是何等的豪情壮志；好一个仰天长啸，又是何等的壮怀激烈。为了抗金事业"莫等闲"，这是对祖国强烈的责任感，一片爱国之情洋洋洒洒跃然纸上。"踏破贺兰山缺"更是表达了对金兵的仇恨。

一曲《满江红》，写出了出师北伐、壮志未酬的悲愤心情。也是岳飞一生精忠报国的写照。

岳飞是我国南宋时期著名的抗金名将、军事家。他精忠报国、忠贞不渝的精神让无数中华儿女敬佩，是我

国伟大的英雄。他率领的军队被称为"岳家军"，是一支令敌人生出"撼山易，撼岳家军难"感叹的铁血劲旅。

岳飞出生于河南一个贫苦的农民家庭。小的时候就非常聪明，勤奋好学。《孙子兵法》《吴起兵法》和《左氏春秋》是他特别喜爱的书。他还学过枪法和骑射，能左右开弓，并成为全县无敌的击枪手。青年时的岳飞体力过人，又因刻苦锻炼，传说能挽三百斤的强弓、开八石的腰弩。

1122年，宋国为了攻打辽国扩充军队，招募士兵。20岁的岳飞应募入军，从此转战南北。后来金军攻打宋国，岳飞又参加了反击金军的战斗。在宋金交战中，由于高宗采取积极议和、消极抵抗的政策，所以宋军虽然积极抵抗，却总能胜少败多。后来，一个无名的低级将领居然击败了金军主将金兀术，收复了大片被占领的土地，从此以后，这个名叫岳飞的人就一举成了举世闻名的抗金名将。

岳飞对祖国可谓一片赤诚之心，他以国家安危为重，自己却简朴奉公，吃苦耐劳。

岳飞在外征战时，和士兵同吃住，生活条件非常艰苦。有一次受到地方官员招待，吃到"酸馅"（一种类似包子的面食）这种在官员富商们看来很普通的食物时，惊叹道："竟然还有这么好吃的食物。"之后还特意带回去几个给家人分享。

岳飞一家生活非常简朴，有一次，高宗为了奖励岳飞，要给他在杭州修建一处豪华的府院。岳飞辞谢道："北虏未灭，臣何以家为？"

南宋的大将大多家产丰厚，而唯独岳飞是个例外。岳飞被害抄家时，全部的家产仅有两千多两白银，其中包含的几千匹麻布和几千担粮米，还是准备给军队用的。

岳飞作为一军统帅，更是智勇双全，身先士卒。

岳飞擅长各种兵器，射箭达到三石，刷新了宋朝的最高射箭记录。岳飞用兵很灵活，不拘泥于常法。尤其善于在野战中以步兵集团抗击骑兵集团。所以在宋金战争中，屡建奇功。

岳飞不管是作为低级将领还是一军统帅，都身先士卒，做出榜样。有一次战斗，他全身遭受几十处创伤，还坚持冲锋在最前方。岳家军被主帅的士气所感染，都凶猛无比，可以一当十。

岳飞集高尚的品格和卓越的才华于一身，使卑鄙苟且的小人自惭形秽，也阻挡了他人出卖国家利益和民族利益来牟取私利。1141年，宋高宗解除了岳飞作为抗金将领的兵权。秦桧派刺客谋杀岳飞没能得手，继而又派他的爪牙诬陷岳飞谋反，可怜一代名将岳飞和他的儿子岳云就这么被逮捕入狱。可是秦桧在审讯的过程中实在找不到任何谋反的证据，便前无古人地发明了"莫须有"的罪名，即"也许有，不见得没有"的意思。多么厚颜无耻的"莫须有"啊！"不见得没有"怎么能治一个人死罪呢？可叹吃软怕硬、苟活于求和的高宗竟然接纳了这个罪名，真让普天下的忠勇之士寒透了心。岳飞死时，年仅39岁。

（二）岳家军

岳飞在战斗中经常取胜，令金兵畏惧，其原因就是他有一支英勇善战、纪律严明并且深受百姓爱戴的精良部队——岳家军。

岳飞非常重视纪律严明，所以岳家军以赏罚分明而著称。况且岳飞一碗水端平，对自己的儿子也不袒护，不论亲疏远近，都一视同仁。所以他的部下都能够服从号令，勇于效命。由于岳飞出身于贫苦农民家庭，所以他对小户群众的疾苦深有体会。在他领兵的过程中，严格要求士兵不能打扰老百姓的生活。踩伤

庄稼的，妨碍农田耕作的，在市场上买东西强行交易的，都坚决处以死刑。而岳飞也能以身作则，与士兵同甘共苦，从不搞特殊。这样，岳家军深受百姓爱戴与拥护。堪称"冻死不拆屋，饿死不打虏"的典范。

岳飞主张用兵贵在精而不在多，所以他非常重视岳家军的训练工作，在平时的训练中就从严要求。他经常带领将士们练习登城、爬山、跳壕沟等项目，在练习的时候就像在战场上一样，将士都穿着沉重的铠甲。这种真实的模拟环境，大大提高了岳家军的战斗能力。

到了1135年，岳家军的兵力由于吸收了各路将士，已经从三万多增加到了十万人左右。岳家军至少有十二统制军，其中正将、副将和预备将各八十四名。王贵和张宪是岳飞的副手，岳飞不在时可以代替岳飞指挥，主持岳家军全军的事务，徐庆、牛皋和董先这三个人最以勇猛善战闻名，这五个人堪称岳家军的中坚人物。

（三） 岳家军勇战郾城颍昌

岳家军最出名的两次战役当数郾城之战和颍昌之战。这也是宋金战争中的两次以少胜多的大战。在血与火的战场上，岳家军勇胜金军。

1139年，金兀术分兵四路，向宋朝发动大规模军事进攻。苟且的朝廷求和不成才被迫命令备战。

由岳飞率领的岳家军从湖北出发，很快进入了河南中部，接连取胜，主力已经攻打到了颍昌。这个时候，狡诈的金兀术发现岳飞的主力都在前方，岳飞自己只有少量的军队驻扎在颍昌，便打算偷偷地带一万五千精锐骑兵袭击岳家军的指挥中心。岳飞很快打探到这个消息，选择了离城池二十里的地方，双方主将及各自最精锐的部队开始了一场硬碰硬的较量。金军出动了重甲骑兵和拐子马。重甲骑兵在战场上是很有杀伤力的，就是让军士穿上沉重的铠甲，戴着铁帽子，三个人一组，用皮带连起来，每进一步，就用木头环卫，只进不退。一排一排，真有铜墙铁壁之感。但岳飞自有应对的秘密武器，他把取胜的重任交给了自己强大的步兵，让他们拿着麻扎刀、大斧子，上砍敌兵，下砍马腿。因为铠甲再厚，盔甲再多，马腿上却没有伪装，岳家军抓住金军弱点，砍掉敌方的马腿，敌人从马上掉下来阵势也就乱了。这一战岳家军大胜，砍杀了大量金军，金军的重甲骑兵也不能发挥所长。

智哉，岳飞！勇哉，岳家军！

一个月后，金兀术不甘心郾城之战的失利，在临颍集结了十二万的兵力准备打一场翻身仗。他首先想要切断岳飞与王贵两军的联系，不久张宪率军来与金兀术大军决战，派岳家军的悍将杨再兴领三百骑兵为前哨。没想到杨再兴行军到小商桥时与金军主力突然相遇，虽然敌众我寡，坚毅的岳家军仍然奋勇杀敌两千，为国捐躯。金兀术被岳家军分号背嵬军的这种惊人的战斗力震慑，转而攻颍昌。岳飞知道后马上派儿子岳云火速增援正在颍昌的王贵。年仅22岁的岳云率领八百名亲卫军骑兵首先攻打金军，步兵随后也排开严整的队形前进，掩护骑兵，与金军的拐子马搏战。岳云与金军苦战了几十个回合，出入敌军阵营十多次，全身受伤一百多处。很多步兵和马军也杀得"人为血人，马为血马"，但却没有一人回头。中午的时候契机降临，负责守城的董先和胡清冲出重围率五

千多军士增援，战局很快扭转，大败金军，共杀敌五千多人，俘虏两千多人，缴获战马三千多匹。

岳家军全线进攻，在距开封二十公里的朱先镇击溃了金军。至此，岳飞反击中原的战争取得了重大胜利。岳飞甚至很乐观地对部下说自己要破酒戒："今次杀金人，直到黄龙府，当与诸君痛饮。"

谁知不久之后奸臣作祟，岳飞的第四次北伐因为政治原因而失败了。

八、成吉思汗的蒙古铁骑

（一）一代天骄——成吉思汗

成吉思汗，即元太祖，是历史上一位叱咤风云的人物。他一生征战四十年，从统一蒙古开始，南征北战。对民族融合和今天的版图格局有着重要的影响。

成吉思汗雄才大略，英勇善战。他既懂得充分发挥蒙古骑兵的特长，又善于吸收其他民族的战略战术以及兵器来提高军队的战斗力，他所率领的蒙古铁骑，战无不胜，他的指挥艺术和治军才能，更是千年一遇。成吉思汗不愧为"一代天骄"，是我国军事史上杰出的军事统帅和军事战略家。

成吉思汗本名铁木真，他出生的时候，他的父亲刚刚在一场战斗中取胜，抓获了地方的首领铁木真兀格。他的父亲杀死了这名勇士，并给自己的儿子取名叫铁木真，当时的习俗认为这样勇士的气质就会遗传给这个刚出生的婴儿。做父亲的看见自己的孩子生得满面红光，心里特别高兴。再看孩子的小手握得紧紧的，就掰开来，看见孩子的手心里竟然握着一块长矛形状的黑血。也许这就是天意，铁木真注定要一生手持长矛，拼杀于战场之上。家里人都很高兴，觉得这孩子以后应该是一员勇将。

但是他们怎么也不会想到，这个婴孩远不是一员勇将那么简单，长大后他成为了一个纵横天下、横扫寰宇的军事家、政治家、思想家。他在四十多年里，以总数不到四十万人的军队，先后灭掉了四十多个国家，七百二十多个民族，消灭各国军队的人数超过了千万，征服了各民族人口数目达六亿。他所建立的蒙古帝国，是人类有史以来版图最大的国家。稳定时期版图面积超过三千五百万平方公里，版图最大时期面积超过四千五百万平方公里。

成吉思汗是蒙古族的骄傲，更是中华民族的自豪。

然而伟人的童年也是坎坷的，铁木真9岁时父亲被杀，和弟弟妹妹跟随母亲一起生活，经常被草原上的其他部族欺负。铁木真为躲避仇人的追杀，曾躲进森林，在抓与逃的童年中渐渐长大。

长大后的铁木真，势力渐渐壮大起来。他要改变自己和家族的困境，也要改变草原的境况。而这个时候，他所面对的就是一个充满阶级矛盾和民族矛盾的草原乱摊子。草原上的各部落互相仇视，战火不断，人民生活苦不堪言，都对战乱充满厌倦。金朝统治者一方面瓦解分化草原各部落，一方面疯狂掠夺草原的丰厚资源。

铁木真就是在这重重困境中脱颖而出，创造出了辉煌的历史功绩。

他首先以迂回战法实施突袭，打败了自己的夺妻仇家蔑儿乞部，提高了自己的实力与威望。1189年，也就是28岁那年，他被推举为"汗"。建立起一整套巩固自己地位的制度，并组建了一支精悍的部队，为后来的一系列战争做好了准备。

后来金朝讨伐背叛金朝的塔塔儿部，铁木真没有忘记杀害父亲的仇人，于是与金兵一起作战。他以突袭的手段一举消灭塔塔儿部的首领，这次以后，他的汗位和威信又提高了。

后来就只剩下实力强大的王罕部落，一决胜负的时刻是避免不了的。1203年，王罕密谋杀死铁木真未成，然后又发兵来袭击他。铁木真吃了败仗后重整旗鼓，采用偷袭战术，一面假意和王罕谈和，一面秘密包围王罕营地，发起猛烈进攻。经过三天三夜的激战，终于击溃了王罕的主力军队。铁木真获得了登上汗位以来最大的胜利，在蒙古他已经获得了大半的天下。

在1206年，他终于打败了最后一个强敌乃蛮部，并向西征服了阿尔泰山、向东征服了黑龙江上游的各个部落溃散的贵族，成为第一个统辖全蒙古的最高统治者，开创了一个新的历史格局。铁木真被大家尊称为成吉思汗，也就是"非凡的领袖"的意思。成吉思汗即位以后，让自己的部下创造了蒙古文字，改变了蒙古族结草刻木记事的传统，这是蒙古汗国历史上的一大创举。由于有了文字，在成吉思汗死后不久，第一部蒙古民族的古代史《蒙古秘史》也诞生了。成吉思汗还在建国初就下令制定了成文法。

而此时金朝并没有看到蒙古草原的强大，还让他们进贡。1211年，成吉思汗大举进兵金朝，他要一改草原屈辱的地位。他选了精锐骑兵三千南下进攻金朝，结果把前来抵抗的三十万金兵打得一败涂地。两年之后，蒙古兵又攻打金朝的中都（今北京市），成吉思汗和他的四个儿子分兵几路，在河北的广阔平原上横冲直撞，所向无敌。新即位的金宣宗吓得赶紧献出公主和大量的金帛，成吉思汗这才退出了居庸关。但是时隔不到半年，成吉思汗再次趁机南进，以招降和围城攻打相结合的策略，占领了中都。

1219年，有一支蒙古商队受成吉思汗的派遣到西方去，经过中亚古国花剌子模，被当地长官杀害，货物都被扣留了。成吉思汗闻讯大怒，他岂能容忍别人这样蔑视他的王国？于是挥军西征。花剌子模国仗着自己很强大，从来只知道欺负别的国家，没把蒙古人放在眼里。直到他在西辽边境遭遇到蒙古小股部队，才见识到成吉思汗蒙古铁骑的厉害。成吉思汗调动全国军队二十万西进，一直把花剌子模的国王追到了里海边的小岛上，眼见他病死才暂作休息。后来便一发不可收拾，蒙古兵骑兵继续向西，占领了现在的中亚西亚各国，前锋一直打到现在的欧洲东部和伊朗北部，才收兵回国。

成吉思汗这一生还五次攻打西夏，1226年，他最后一次举兵南下。从今天的新疆地区出发，攻下了今天的甘肃敦煌、酒泉、张掖，越过黑水、贺兰山，攻取了武威，与西路军会合后歼灭了西夏主力军。成吉思汗的蒙古铁骑真是踏遍千山万水，无人可阻。然而西夏即将灭亡的时候，一代天骄成吉思汗在军中因病去世了，终年66岁。临终前他还总结作战经验，强调要发挥骑兵的特长，力求在野战中歼灭敌人，并指

定第三子窝阔台继续他未完成的事业。

成吉思汗一生的战绩，可谓硕果累累，他创建了世界上最大版图的帝国；建立了最早的运输联络系统；将军事艺术推向冷兵器时代的最高峰；是有世界影响的历史人物；他是最早实行政治民主的帝王；他还奉行宗教信仰自由的政策；他最早提出并实践了"全球化"。

（二）纵横天下的蒙古铁骑

成吉思汗一生叱咤风云，他有着伟大的军事战略思想，同时也善于用人，他招纳贤臣，还吸收了很多汉人军工家来为他制造先进的武器装备。但其取胜的关键，是他麾下的几十万蒙古精锐骑兵。

成吉思汗用兵也看重精而非多，蒙古铁骑最多时也不过四十万，一般在二十万左右。蒙古骑兵是从训练最好的士兵中选出来的。他们从小就与戈壁沙漠为伴，在严格的骑马射箭中度过童年，因此每个人都具有驾驭马匹和使用武器的惊人本领。甚至能在快速撤退的时候回头射击跟在他们后面的敌人。蒙古骑兵还是一支绝对忠诚的军队，对待主人绝无二心。

想成为一匹蒙古战马也不容易，需要经过严格的训练才能过关。蒙古马不管春夏秋冬都放在野外，必要时可以连日行走却不需吃任何东西，与欧洲的战马相比，具有极强的忍耐力。

蒙古军作战时，常常喜欢先派一支小部队迎战敌人，假装抵抗一下就撤退，诱使敌人追赶。他们撤退时非常有耐心，甚至可以后退几天，直到敌人进入了他们的埋伏圈，才一举反击。

蒙古军还常常运用计谋，大胆行动，迅速捣毁敌方的城池。领头的轻骑兵速度飞快，在对方还没来得及关闭城门时就已经不顾安危地冲了进去。然后外围军队给予配合，一起攻城。

如果守城的部队胆敢抵抗，那么成吉思汗的工兵就会很快在城墙上打开一个缺口，或快速为不骑马的纵队做好攻城准备。他们往往会发射燃烧箭，将城市烧成一片火海，再趁乱强攻进去。如果他们爬城时遇到困难，就会使用残酷无情的心理战手段，让一大群俘虏走在前面，这样守城部队要消灭他们，就必须先杀死自己的同胞。这种方法常常使他们获胜。

　　金朝和西夏抵抗不了强盛的蒙古铁骑，欧洲军队更是完全不能适应骑彪悍大马、高度灵活机动的蒙古骑兵的作战方式。横扫寰宇的蒙古骑兵对世界历史产生了深远的影响。

九、戚继光的戚家军

（一）抗倭名将戚继光

戚继光是明代著名的抗倭将军，在临海更是赫赫有名。戚继光 17 岁就袭职登州卫指挥签事，从此开始了他的戎马生涯，南抗倭寇，北镇边疆，建立了不朽的功勋。他智勇双全，深通韬略，治兵有方。他指挥的戚家军，甚至出现过歼敌千人，而戚家军没有一人伤亡的罕见战例。

戚继光出身于将门世家，他的父亲戚景通是一位文武双全的将领，56 岁才有了戚继光这个儿子。但戚景通却从小严格管教戚继光，有一天他发现戚继光脚上穿了一双十分考究的棉丝编织的鞋子，非常生气地说："你这么小就享受荣华富贵，等你长大了就会追求更豪华的生活，那还怎么勤俭治家吗？这样的人当上将军还不得克扣士兵的军饷啊？"后来，戚景通知道鞋子原来是外祖父家送的，但还是不允许戚继光穿。

戚继光十几岁就跟随父亲勤学苦练武艺，志向远大，小小年纪就语出惊人："封侯非我意，但愿海波平。"

在明世宗的时候，日本南北朝内战中失败的南朝武士丧失军职，成为"浪人"，就与我国的不法商人相勾结，还吸收了一部分破产的农民，组成海盗集团，经常坐船来到中国的东南沿海地区，他们走私贩卖，烧杀抢夺，这就是历史上所说的"倭寇"。

而少年戚继光的志向就是要打击猖獗的倭寇，还临海居民安宁的生活。

1548 年，20 岁的戚继光就开始奉命率领士兵镇守蓟门。25 岁的他开始进入山东抗倭，战功显赫。28 岁终于有机会被派到浙江抗倭，他以激动的心情写

下了《过文登营》，最后两句尤显英雄气概："遥知百国微茫外，未敢忘危负岁华。"

戚继光决心在抗倭战场上有一番作为，为祖国的尊严而战，为民族的气节而战。

（二）号称"戚老虎"的戚家军

戚继光调到浙江抗倭时，发现那里军队纪律松散，战斗力非常差，于是决定招募新军。他把告示一帖出来，就有一批吃苦耐劳、勇猛健壮的农民和矿工自愿参军。这些人大都吃过倭寇的苦头，所以义愤填膺、精神顽强，再经过戚继光的严格训练，战斗力特别强。"戚家军"的名气就逐渐传开了。后来几经作战，规模逐渐扩大。

戚家军的纪律非常严明，只要出征时有扰民行为的一律斩首，所以这也是一支无论走到哪里都会获得百姓支持的军队。很多少数民族都愿意为之效命，忠心不二。一支军队受到这样的拥戴是不常见的。

戚家军的军法也赏罚分明：如果作战的时候不尽全力，就会被斩首。如果斩首敌人，那么每获得一个敌人首级，奖励白银四十两。这样士兵自然都会奋勇杀敌，以一当百，坚持作战到胜利或者战死沙场。

戚家军被倭寇惶恐地称为"戚老虎"，百战不败。一个非常重要的原因就在

于戚继光的治军思想极其先进。配备了后膛的神威将军炮、佛郎机炮、大口径的加农炮、倭刀、铁甲，戚家军的装备在当时可称是东亚第一，世界前茅。

戚家军在后来的岁月里，创造了无数辉煌，转战浙江福建，屡战屡胜。

从嘉靖三十八年戚家军建军到万历十一年戚继光去职，勇猛顽强的戚家军总共杀敌十五万多人，在基本和平的万历年间是极其突出的战绩。

（三）戚家军驱逐倭寇

倭寇由于害怕戚家军，所以经常在各地逃窜，那么戚家军也就跟随着倭寇转战，历经十年，江浙福建一带的倭寇都不敢再出没，怕得逃了回去。

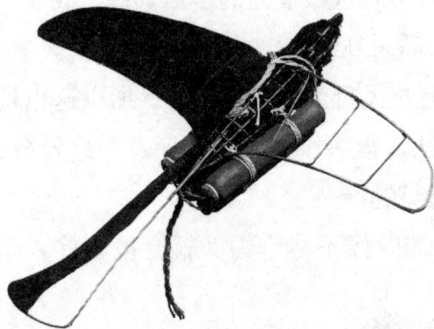

1552 年，浙江一带倭寇猖獗，官吏百姓死在倭寇手里的有数十万人。1556 年，经他人推举，戚继光奉命镇守宁波、绍兴和台州。第三年，有数千名倭寇入侵临海桃渚。戚继光采取了分兵把口、虚张声势，然后集中兵力进攻倭寇主力的战略。他先是了解了地形，然后做了详细的部署。接着，戚继光和谭纶率兵悄悄开进桃渚城里。第二天，军旗晃晃，倭寇不知道底细，不知道是抵抗好还是逃跑好。倭寇头目坚持抵抗，当他们冲到城下时，城头上火炮齐发，倭寇就在炮声中一片一片倒下去。残余倭寇退到了章安一带，戚家军又追到了章安。经过一场激战，倭寇死的死，逃的逃。幸存的倭寇一听到戚继光的名字就不敢再与戚家军交锋，逃得远远的。

1561 年，倭寇进攻台州的府城临海。戚继光知道后，连夜率领戚家军从宁海赶到了临海。倭寇趁戚家军奔波而来，第一时间就发起了进攻。戚家军一路奔波，没有休息，也没有吃饭，就投入了激烈的战斗。看着倭寇气势汹汹地扑过来，戚家军火器齐发，倭寇成片地倒下去。战斗结束，总共杀死倭寇三百多人，生擒倭寇首领两人，缴获了战利品六百五十多件，解救了被倭寇掠夺的百姓五千多人，而戚家军仅有三人阵亡。

倭寇头目听说了这件事，心疼自己的精锐部队被摧毁，气急败坏地烧毁船只，重新组织队伍两千多人，继续进攻台州城，表示"拼死一战，打败戚家军"。戚继光听说后也临阵鼓舞士兵们："他们拼死一战想打败我们，那我们就能让他们打败吗？我们要更加展现我军的威猛，让他们败得更惨！"接着，戚家军从台州城出发，追击倭寇，两军在大田相遇。善于审时度势的戚继光很快发现这一带的地形很适合打埋伏战，如果在这里设下圈套，那么胜利便近在咫尺。然而倭寇头目也发现了这里是个打埋伏的好地方，也布置了伏兵，想让戚家军进入包围圈。结果出现了两军谁也不前进，只是对峙局面。这时，一场大雨打破了这疆局，雨点打得天昏地暗，双方只好各自收兵回营。机会属于有准备的人，戚继光没有放松战斗，他命令军队暗中抢占有利地点，做好下一仗的准备。最后虽然敌众我寡，但是地形有利，使倭寇怎么也不能攻破戚家军的防线，更进不了台州城。戚家军最后终于在大田大败倭寇。

中国历史上的劲旅

倭寇一次一次被击败，想逃往海里，但他们已经把船只烧毁了。于是从城东绕道逃向白水洋。这早被戚继光料到，并且已经准备好了"痛打落水狗"的战略。因此白水洋成了戚家军最后消灭倭寇的地方，具有历史意义。戚继光凭着对这一带地形的熟悉，决定在上峰岭设下埋伏等待倭寇。上峰岭森林茂密，岩石陡峭，居高临下，前面是溪水，后面是青山，唯独中间有一条小路。戚继光为了麻痹敌人，命令一队人马虚张声势，装扮成戚家军主力的样子，使劲追赶倭寇。倭寇忙着逃跑，也没有料到途中有埋伏。此时，戚继光正率领主力部队从小路提前赶到了上峰岭。当倭寇进入包围圈以后，戚继光一声令下，炮火齐发，倭寇还没来得及做出反应的时候就已经死伤了一大半。倭寇根本没有看见戚家军在什么地方，到处乱窜，戚家军以乱箭结果了剩余的

倭寇，并缴获了倭寇的所有辎重，救出了一千多名被掳走的群众。

　　横行多年的倭寇终于平息了。浙江、福建等沿海地区的居民终于迎来了和平安定的生活，经济也逐渐繁荣起来。戚继光在抗倭战争中建立起来的卓越历史功绩以及戚家军的勇猛顽强，也将永远被后世人民称颂。

十、曾国藩的湘军

（一） 近代史上的一座丰碑—曾国藩

曾国藩，湖南人，是我国清朝的军事家、理学家、政治家、书法家以及文学家。曾国藩早年的时候，热衷于追求功名，1838 年，27 岁的曾国藩中了进士，进入翰林院。此后十年，他倾心研究古典诗文、宗明理学，成为一名正统的封建理学家。1853 年初，太平军向湖南进军，曾国藩就此弃文就武。创建了一支在后来闻名遐迩的军队—湘军。曾国藩在近代军事史上占有极其重要的地位，是近代史上的一座丰碑。

曾国藩在历史上影响这么大，但他小时候天赋却不是很高。有一天晚上他在家读书，对一篇文章重复读了不知道多少遍，可他还是没能背下来。这时候一个贼偷偷地潜伏在他的屋檐下，希望等这学子睡觉之后能找到点值钱的东西。但是左等右等，这读书人就是不睡觉，还是一遍又一遍地在那读那篇文章。贼实在是没有耐心了，急得跳出来大骂："就这种水平还读什么书啊？"然后将那篇文章背诵一遍，头也不回地走了。

但曾国藩在后来的岁月中，凭着在困难面前坚韧不拔的精神，终成一代伟人。

曾国藩是中国近代历史上真正积极实践的开拓者。他指导建造了我国第一艘轮船，建立了第一所兵工学堂，第一次翻译印刷了西方书籍，他还安排了第一批去美国留学的学生。

中国自古就有修身齐家治国之说，但很少有人能全做到，曾国藩可谓一个全才。他形成了自己的一套修身理论和修身方法，比如每天需早起、不能恋床；每天需要读史书二三十页，即使有事也不能间断；每月作诗文数首，不可一味耽搁。

曾国藩虽然在同辈士大夫中天赋属中等，但一生意志坚强，勤学好问。每天都写日记反省自己、监视自己、教训自己，从而终成大器，百炼成钢。他埋头苦干，在困难面前能够再接再厉，坚持到底。

（二）湘军

从带兵的那天起，曾国藩就决心建造一支全新的战斗力强的军队。他参照了戚继光的练兵经验，加上自己的想法，以及考虑到太平军的特点，逐渐形成了一支勇猛强大、清政府不得不依靠的军队。

湘军的选拔强调精而不是多，曾国藩吸取了戚家军的方法，招募了一批英勇强壮、朴实、技艺熟练的人。又将他们按故乡所在地分在各个团队，曾国藩认为这样一来，战友亦是同乡，作战时也会上下一心而不至于彼此弃而不管。

湘军还很注重兵士和武器的组合搭配，比如将冷兵器和火器相配合；大小战船相配合；一个团营里将领和士兵的配合等等。

湘军的思想教育工作，也成为后世的典范。曾国藩以儒家精神练兵，使湘军成为一支有信仰的队伍。他作《爱民歌》，然后在湘军内推广，使全军声威大震。

湘军的待遇也非常高，是湖南一带种田农民的三四倍，这吸引了很多青年农民来参加。曾国藩对于在战斗中建立功绩者，奖赏更多。

后来，湘军果然在对敌战斗中一鸣惊人。

每次作战，湘军每到一地，即使只住一夜也一定要筑起很高的壁垒，没筑完便不吃饭不休息。可见曾国藩特别注重防守，这与他喜读《孙子兵法》有很大关系。

曾国藩还特别注重选择有利的地形。湘军驻扎营地，一定要靠近水源，以免被敌人切断水源，因为没有粮食一般人尚可坚持两天，但没有水却万万不行。另外湘军也不驻扎在低洼之处，以免被水淹。

曾国藩还从国外购买了很多先进的武器，使得湘军的配备不断雄厚起来。

这也是与太平军夺取胜利的一个重要因素。太平军在外交和内政上都很失败，如果想得到先进武器只能靠缴获。如此武器对比，太平军迟早是要失败的。

这支军队挽救了清王朝，为清政府的政治稳定作出了巨大贡献，但它更是曾国藩的骄傲。曾国藩在湘军内部深得人心，因为这支军队不受他人调动，连皇帝派来的军机大臣都不听，但曾国藩千里之外的一张书信却可以任意支配军队。可见曾国藩在湘军中的威望。后来，曾国藩不再出任湘军的统领，却依然是湘军的实际领袖。

（三）太平军的宿敌

太平天国起义的爆发吹响了覆灭清王朝的号角，也改变了曾国藩一生的命运，使曾国藩弃文从武。

曾国藩的湘军与太平军的交战历程非常坎坷。太平军虽然是劳动者出身，但却善于在战争中积累经验；而他们的领导人，如杨秀清、石达开、陈玉成、李秀成等都是非常有天赋的军事家。所以新成长的湘军是屡战屡败，屡败屡战，但最终凭着坚忍不拔的精神取得了胜利。

1854 年，太平军在湖北战船接连取胜，转而进攻湖南。曾国藩于是率领湘军去迎战太平军，出征之前，他特意表明心迹，宁愿卧薪尝胆、玉石俱焚，一定要夺取胜利。后来两军在湘潭、岳阳展开了拉锯战。但由于湘军没有太多作战经验，曾国藩也是第一次指挥战斗，被太平军大败。但湘潭那边的湘军却取得了很大的胜利，这才使曾国藩重新打起精神。

之后曾国藩率领湘军在岳阳与太平军作战，反败为胜，并攻入了湖北，十月份占领了武汉。人们对湘军刮目相看。

然而刚刚从武不久的曾国藩在九江、湖口遭遇了太平天国的优秀统帅石达开，又免不了一次失败。后来的战斗中，湘军也是时胜时败。

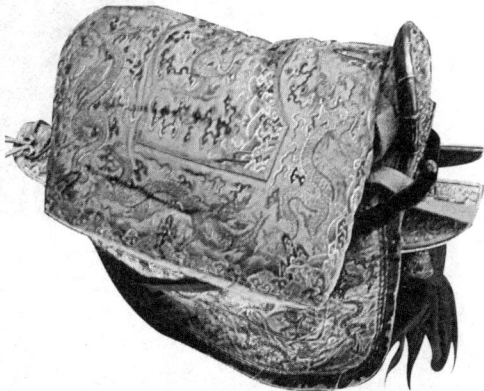

　　天京之战，湘军和太平军这一对老对手终于一决雌雄，结束了各自的历史使命。这一战也非常激烈艰难。1862年，曾国藩命令向天京发动全面进攻。曾国荃一军远超其他各部，率先围攻了天京。战况非常激烈，曾国荃围攻不久，李秀成和李世贤就集合了十万多人联合天京守军，接连地向湘军发起猛攻。双方均有重大伤亡，但湘军还是凭借着坚固的营垒和先进的火器占有了一定的优势。而太平军靠人海战术猛攻，每天将近有七八千人伤亡，何其残酷、何其悲壮。太平军日夜强攻，湘军感到越来越吃力。后来湘军的援军赶到，形势开始扭转，在经过了长达四十六天的大决战之后，湘军终于攻进了天京城，结束了与太平军的最后一战。

　　可以说曾国藩并不是常胜将军，湘军也不是常胜军队，但这支临时武装起来的军队，却最终战胜了强大的太平军，为清王朝镇压了太平天国起义。胜利的原因就在于湘军的坚韧。曾国藩屡战屡败，屡败屡战，练就了一副打不败的身板，实在令人钦佩。而湘军屡屡被打败却并不溃散，而是具有非常强的向心力，迅速组织在一起形成有战斗力的团体。这种屡败屡战，坚韧不拔的军队在历史上是不多见的。

中国古代著名军事家

　　能被称为军事家的人，多为军队的最高统帅或高级将领—而能够担得起这一称号的军事将领，必须既坚毅果断，又沉着冷静；既通观全局，又随机应变；既运筹帷幄，又决胜千里……在本书中，我们就将介绍几位中国古代著名军事家中的翘楚，他们分别是孙膑、蔺相如、项羽、李广、霍去病、周瑜、岳飞以及郑成功。

一、战国中期著名军事家孙膑

（一）勤学兵法，获得进步

孙膑是战国时期的齐国人，春秋时期著名军事家孙武（《孙子兵法》的作者）的后代，孙膑小的时候生活孤苦，长大之后，又目睹当时各国之间不断进行着的争霸战争，他认识到是战争的胜负决定了各个国家的命运，于是决定投身到戎马生涯之中。

后来，经多方打听，孙膑知道一位学识渊博的人住在"鬼谷"山中，名叫鬼谷子，于是孙膑就拜鬼谷子为师学习兵法。鬼谷子的真实姓名叫王诩，是战国初期一位学识渊博、声望卓著的人物。他不愿做官，于是长期隐居在这座鬼谷山中，面授弟子知识。

鬼谷子的弟子中，兵法最出色的就是齐国的孙膑。孙膑为人朴实忠厚，非常勤奋，进步很快。据说，鬼谷子先生教给孙膑《孙子兵法》十三篇时，孙膑爱不释手，废寝忘食，日夜不停地研究诵读。三天以后，先生一篇一篇地提问孙膑，他都对答如流，没有一个字漏下，先生非常高兴地称赞说："孙武后继有人了！"

在孙膑跟随鬼谷子学习的时候，有个同学叫庞涓，两个人同窗多年，形影不离，亲如兄弟。与孙膑不同，庞涓浮夸自负，虽然身在山中，但心里却总想着早日飞黄腾达。庞涓答应孙膑，自己一旦得势，一定会在当权者面前推荐他。

不久，庞涓日夜期盼的机会来了。庞涓来到了魏国，托关系见到了魏惠王，替魏惠王东征西讨，办成了几件大事情，深得魏王的宠信，当上了魏国的大将军。庞涓知道齐国是个大国，齐国虽然败在自己手下，但始终是个顽强的对手。他也清楚孙膑的学识才能远远超过自己，而孙膑是齐国人，如果将来孙膑回到齐国，对他庞涓来说无疑是不利的。庞涓便派人把孙膑请到了魏国，准备推荐给魏惠王。

庞涓是个心胸狭窄的人，把孙膑请来以后，又不免后悔起来。他认为孙膑的才能胜过自己，在魏国留下来，今后一定会影响到自己的地位。于是他决心把友情放在一边，想办法害死孙膑。

庞涓表面上对孙膑很热情，背地里却使用毒计，在魏惠王面前编造了孙膑私通齐国的谎言。魏惠王信以为真。派人把孙膑抓了起来，并施以黥刑（在脸上刺字，再涂上墨炭）和膑刑（挖去膝盖骨的酷刑），并且将他软禁。从此，孙膑终身残废。孙膑在惨遭迫害、处境十分艰难的情况下，仍然夜以继日地研究《孙子兵法》。后来，有个齐国的使者来到魏国的都城大梁（今河南开封市），孙膑因为受过刑，又有庞涓的人监视，不能登门拜访齐使，只能偷偷地去见他。齐国使者见了孙膑，认为他是一个难得的人才，就秘密地把他带回了齐国。

（二）赛马出计，崭露锋芒

齐国的使臣把孙膑带回齐国后，先将他推荐给了大将田忌。田忌非常赏识孙膑的才能，用接待上等宾客的礼节殷勤地款待了他。

齐国的国君齐威王，平时非常喜欢赛马，经常邀集贵族们举行赛马比赛，并用黄金做赌注。田忌家里养了不少好马，但是每次比赛，总是赛不过齐威王的马。有一次，孙膑看田忌与齐威王赛马，上等马跟上等马赛，中等马跟中等马赛，下等马跟下等马赛，结果田忌三场都输了。孙膑发现，田忌的马和齐威王的马的速度其实相差并不大。等到下次比赛的时候，孙膑给田忌出了计策，第一场让田忌的下等马跟国君的上等马比赛；第二场，用田忌的上等马跟国君的中等马比赛；第三场，用田忌的中等马跟国君的下等马比赛。田忌按照孙膑的说法去办了。三场下来，第一场田忌输了，但是第二和第三场都赢了。最终结果是两胜一

负，田忌赢得了比赛。

齐威王非常惊奇，问田忌是怎么取得胜利的，田忌坦率地回答说："今天的胜利，不是我那三匹马的功劳，而是孙膑出谋划策的结果。"田忌接着说："赛马虽然是小事情，但跟用兵的道理是一样的，都需要多谋善断。孙膑精通兵法，在用兵方面是一位出色的人才。"

从这件小事情中，齐威王看出了孙膑出众的才智，他非常高兴地召见了孙膑。孙膑陈述了自己对战争问题的看法，认为战争关系到一个国家的生死存亡，只有通过战争手段才能统一天下。齐威王有意问道："如果不用武力，能不能使天下归服呢？"孙膑肯定地说："只有打胜了，天下才会归服。您看，黄帝同蚩尤打仗，商汤灭掉夏朝，周武王大败商纣王，哪一个不是用武力解决问题？"孙膑还对战争进行了深刻的分析，这些话深深地打动了齐威王和田忌，齐威王便请孙膑留在宫中。不久，齐威王拜孙膑为齐国军师。

（三）出谋划策，大显军事才能

几年之中，齐国迅速强大起来。为了对抗魏国的威胁和争夺土地，孙膑指挥了多次战斗，其中最著名的是"围魏救赵"和"马陵之战"两次战役。

公元前 354 年，魏国派将军庞涓带兵八万攻打赵国，很快包围了赵国的都城邯郸。赵国抵挡不住，就向盟友齐国请求救援。齐威王从自身利益出发，一方面先用部分兵力，联合宋、卫两个小国，攻打魏国的襄陵（今山西襄汾县），分散魏军的力量，使它处于两面

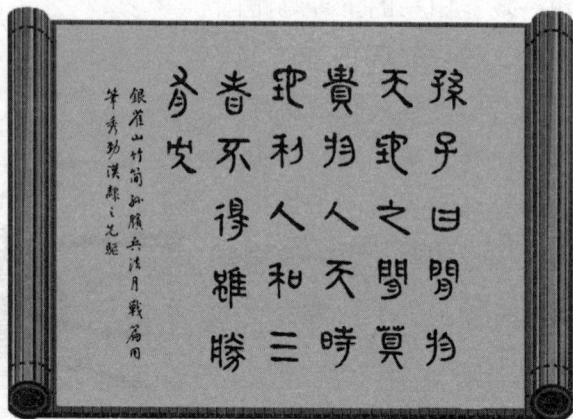

作战的境地；另一方面，让赵、魏两国继续激战，以便鹬蚌相争，齐国坐收渔人之利。魏、赵两军相持一年多，双方都损失惨重，齐威王派田忌担任主将，孙膑为军师，统帅八万大军去救赵国。

田忌打算直奔邯郸（今河北邯郸），以解赵国之围。孙膑不同意，提出避开敌人实力强大之处，袭击敌人虚弱之处的计策；魏国攻赵，精兵大多在外，留在国内的，只不过是一些老弱残兵。趁魏国都城防务空虚，率军直奔大梁（今河南开封西北），就可迫使魏军放弃赵国回来营救。田忌考虑到，孙膑这一作战指导的好处在于自己不必长途跋涉远袭邯郸，而可以调动魏军奔走，陷敌人于被动，使自己掌握战场主动权。于是，田忌采纳了孙膑的意见，率领齐军主力向大梁进军。

公元前 353 年，庞涓得意洋洋地率军进入邯郸，但是魏军已经疲于奔命，显得非常疲劳。而此时，齐军主力直接攻打大梁，大梁是魏国的都城，大梁的得失关系到战争的胜败、国家的存亡。因此，庞涓在打下邯郸后，顾不得让部下休整和喘息，被迫留下少数兵力留守邯郸，亲自带领大军急急忙忙回救大梁。

当魏国军队走到桂陵（今河南长垣西北）附近时，碰上了早已等在那里的齐军主力。魏军由于长期攻赵，兵力消耗较大，加上长途跋涉，士卒疲惫不堪。而齐国却是精力充沛，士气旺盛，两军交锋，很快就把魏军打得大败而归。魏国被迫议和，归还了邯郸。

"围魏救赵"，显示了孙膑杰出的军事才能，这一战法一直为后代军事家所赞赏和借鉴。

公元 342 年，魏国又派庞涓率领军队，向韩国进攻。韩国在魏国的西南，是七国中比较弱小的一个，自然抵挡不住强大的魏军，连忙向齐国求救。齐威王召集群臣商量，相国邹忌主张坐山观虎斗；田忌等则主张赶紧发兵相助。大臣们你一言我一语，争执不下。齐威王自己决定不了，就问在一旁一言不发的孙膑，孙膑说："我同意出兵救韩，但是不赞成马上出兵。现在韩、魏两国正在交锋，谁胜谁负，还未见分晓。如果我们马上出兵救韩国，就等于是让齐国代替韩国承担起抵抗魏军的重担。这样，我们的实力会受到打击，也不见得就

有把握打败魏军。但是袖手旁观也不是办法，那样做，魏国灭了韩国，就会转过来加兵齐国。我们应该接受韩国的请求，答应派兵援助，但是不要立即出兵。韩国得到我们将要出兵相救的消息，信心增强了，一定会拼死抗击魏军，这样可以充分发挥韩军的力量。魏军受到韩军的顽强抵抗，实力也会大大消耗。到了那个时候，我们再出动兵马，进攻魏军，才能十拿九稳，旗开得胜。"齐威王听了，大加赞赏，欣然采纳了孙膑的建议。

齐威王召见韩国的使臣，叫他回去告诉韩王，齐国决定出兵援助，希望韩国在援兵到来之前，能够坚持一下，顶住魏军的进攻。

得到齐军将要出兵相助的消息，韩军将士守卫国土的信心加强了。他们向魏军接连发动了五次猛烈的反攻，虽然未能把魏军打败，但也使魏军受到相当大的损失。

魏强韩弱，韩国军队到底不是魏军的对手。经过一段时间的苦战，韩国渐渐感到支持不住了。他们日夜盼望齐军，但一直不见齐军的到来。这时韩国只好再次派使臣到齐国，催促齐国赶快发兵。

再不出兵，韩国就有被打垮的危险了。在这紧要关头，孙膑认为救韩国时机已经成熟，便建议齐威王立即发兵。

公元前341年，当韩魏战斗更为激烈、两军实力都大为削弱的时候，齐威王才派田忌为主将，田婴为副将，孙膑为军师，率领齐军正式参战。在这次战役中，齐军按照孙膑的计策，仍把攻击的矛头直接指向魏国都城大梁。齐军攻入魏国不久，就获悉庞涓即将回师营救魏国的情报。孙膑就对田忌说："魏军一向轻视齐国，急于同我军主力进行决战。庞涓这个人这些年来打了一些胜仗，自以为兵强马壮，天下无敌，根本不把齐军放在眼里。加上他这次从韩国赶回来，轻装急进，日夜不停，恨不得一口把我们吃掉。兵法上说：百里而趣利者蹶上将，五十里而趣利者军半至（如果急行军走一百里去争夺利益的，部队疲惫不堪，就有折损主将的危险；如果急行军走五十里去争夺利益，由于前后不能接应，只能够有一半军队赶到）。现在魏军犯了兵法上的大忌，轻兵冒进，急于求战。我们就应该好好利用这种形势，抓住敌人的弱点，来制订作战计划，击败敌军。"

经过周密的思考，孙膑终于制订了一个退兵减灶诱敌深入的计划。计划的具体内容是：在退兵的过程中，第一天造十万人煮饭的军灶，第二天减为可供五万人用的军灶，第三天减为可供三万人用的军灶……田忌、田婴按照孙膑的计谋行事，立刻避开魏军锋锐，不与他们接战，带领齐军迂回向东撤退，在撤退途中，逐日减少宿营地的军灶数目，给敌人造成错觉。

庞涓带领大军日夜兼程，怒气冲冲赶回魏国，本想与齐国决一死战，不料齐军突然掉头东撤，庞涓立即下令全军紧紧追赶。这样一连跟踪了三天，庞涓发现齐军的锅灶天天减少，便以为齐军士气低落，兵卒逃散严重，不由得大为庆幸。他丢下步兵和笨重的军事物资，带领一部分轻骑部队，马不停蹄，穷追不放。就这样，魏军被孙膑诱到了马陵（今河南范县西南）。马陵这个地方，两旁是山，树多林密，地势险要，中间只有一条狭窄的小路，是一个伏击歼敌的好战场。于是孙膑命令士兵伐木堵路，剥去路旁一棵大树的一段树皮，在那露出的白木上面写上"庞涓死于此树之下"几个大字。又挑选了一万名射箭的能手，分头埋伏在两旁的山林里，吩咐说："夜里，只要看见火光一闪，你们就一齐放箭。"

这天傍晚，庞涓率领魏军轻骑赶到马陵，发现横七竖八的树木阻塞了通道。庞涓指挥士兵搬木开道，猛然看到道旁一棵大树，上面有一段白木显露，隐约好像有字，就叫人点来火把。在火光的照耀下，庞涓看清了那一行字，他惊叫道："我中了孙膑的诡计了！"说罢急忙命令魏军后退，但已经来不及了。埋伏在两旁的齐兵，一见火光升起，立刻万箭齐发。魏军轻骑猝不及防，顿时乱成一团，死的死，伤的伤，逃的逃。庞涓身负重伤，知道自己败局已定，便拔剑自杀了。

全歼了庞涓统率的精锐部队后，齐军继续向魏军的后续部队和太子申率领的另一个部队发动进攻。魏军听说大将庞涓已死，非

常恐慌。齐军奋勇杀敌，大败敌军，把太子申也活捉了过来。

经过马陵之战，魏国逐渐衰落。魏惠王不得不采用相国惠施的建议，跟齐国修好。齐国国势日益增强，跟秦国成为各占据东、西方的两个大国。

桂陵之战和马陵之战，是我国军事史上两次著名的战役。在这两次战役中，军事家孙膑充分发挥了他的军事指挥才能，取得了重大的胜利。

（四）著书立说，流传后世

孙膑的一生历经坎坷，他用坚强的意志和聪明的智慧，协助齐王打了许多胜仗，为改变齐国的地位立下汗马功劳。在马陵之战之后，齐王要给孙膑加官晋爵，孙膑谢绝了，并且请求免去自己的军师职务。以后，他找了一个比较清净的地方，和他的学生们一起，进一步研究兵法知识，总结自己多年指挥作战的经验，写成了《孙膑兵法》一书。根据《汉书·艺文志》记载，这本书共有八十九篇，可惜后来失传了。1972 年 4 月，该书失传一千多年后，在山东临沂银雀山西汉墓中，居然发现了《孙膑兵法》的残简，共三十篇，一万一千余字。现在已由出版社整理出版。

从《孙膑兵法》残简中可以看出，孙膑继承和发展了孙武、吴起的军事思想，反映和总结了战国初期、中期的战争经验，是一本很有价值的军事著作。

《孙膑兵法》残简中所载的军事思想精辟而实用，例如，孙膑肯定战争的不可避免，明确主张"战胜而强立"，以战争完成统一；他主张"事备而动"，战前做好充分的物质准备和精神准备，才能做到"兵出而有功，入而不伤"；他还重视城池的攻取，重视人的作用，主张严格挑选将领和士卒，在和平时期，军队要按打仗时的要求进行训练，早晚不停，坚持不懈等。

《孙膑兵法》是在专研孙武、吴起等军事家的基础上写成的，并有所突破和创新。孙膑能根据当时的实际情况，制定具体的战术。例如，孙膑根据当时的作战特点提出应大胆运用包围、迂回、伏击等进攻手段。著名的"围魏救赵"和马陵伏击，正是他战略、战术思想的全面体现。

中国古代兵家与兵书

《孙膑兵法》继承和发展了先辈的军事思想，总结了战国中期的战争经验，是我国古代重要的兵书之一。

孙膑本人不怕打击，不贪官禄，坚持从事兵法研究的精神和不墨守成规、勇于创新的胆识，都给后人留下了很好的启发和教育。

二、战国后期著名军事家廉颇和蔺相如

（一）廉颇登上军事舞台

战国时期，各国之间为了争夺霸权，不断进行战争，为了增强实力，也不断进行改革变法，最著名的就是商鞅变法、吴起变法、李悝变法。公元前359年和公元前350年，商鞅实行了两次变法。因为秦国的政治改革比较彻底，所以经济力量和军事力量很快增长起来，成为一个中央集权的强国。

秦国在商鞅变法以后，陆续蚕食了邻近各国的土地，还击败了各国联合对付秦国的几次进攻，把势力一步步向东推进。秦国除了向韩、魏、楚等国进攻之外，还时常向邻近的赵国扩张势力，进行兼并战争。

公元前307年，秦国的秦武王死了。秦昭襄王即位的初期，国内因为争立君位发生了内乱，一时无暇对外兼并。公元前299年，赵国的赵武灵王把王位传给王子，这就是赵惠文王。

秦昭襄王在国内形式安定以后，便派兵进攻赵国。当时大将廉颇统帅着赵国的军队。廉颇是一个十分勇猛的武将，赵国的军队在他的统帅下，几次打退了秦军的攻势。秦昭襄王没有办法，只好在公元前285年约定赵惠文王在中阳相会讲和。

公元前283年，廉颇又领兵打败齐国，夺取了阳晋（今山东郓城县西）。从此，廉颇勇猛善战的名声就在各国传开了。因为廉颇屡次立下战功，赵惠王便封他做上卿。在我国古代伟大的史学家司马迁的历史著作《史记》里，有一篇《廉颇蔺相如列传》，记载了战国后期秦国和赵国的军事斗争和外交斗争的情形。

（二）完璧归赵

公元前283年，赵惠文王得到了楚国的"和氏璧"。这是块稀世宝玉，各国

的国君都想把它据为己有。

秦昭襄王听说赵惠文王得到一块宝玉，于是差使者送信给赵王。信里说，秦国愿意用十五座城做代价，交换赵国的美玉。

秦王的使者到了赵国，把信送给赵王。赵王看过信，一下子拿不定主意，觉得很为难，便把廉颇和另外许多大臣召来，商量对策。可是他们商量之后，还是没有主意。如果把和氏璧送给秦国，如果秦国不兑现用十五座来交换的承诺，赵国就白白地受了欺骗；而如果不送给秦国，当时的情况是赵弱秦强，又怕秦国出兵攻打。赵国想派个使者到秦国去交涉，可是又挑不出合适的人来。

正在大家左右为难的时候，宦官缪贤向赵王推荐说："我家里有个管事人，名字叫蔺相如，挺能干的，处事稳重有方，不妨派他到秦国去。"赵王问："你怎么知道他有能力作为使者到秦国去呢？"缪贤就告诉赵王说："有一次，我因为得罪了大王,不敢在本国待下去了，打算偷偷地逃到燕国去。这件事给蔺相如知道了，他就劝我不要去，还问我：'你是怎么认识燕王的？'我告诉他说'我曾经跟随着大王在赵国的边境上会见过燕王。当时燕王曾经私下握住我的手，表示愿意和我交个朋友。因此，我决定到燕国去投靠燕王。'蔺相如听了说："当时赵国强大，燕国弱小，你又是赵王得宠的臣子，所以燕王才愿意和你交朋友。现在你是得罪了赵王逃到燕国去的，燕王本来就怕赵国，我看燕王绝不敢收留你，说不定还会把你捆绑起来送还赵国。到那个时候，你的性命就难保了。你不如脱掉衣服，赤身伏在斧锧（古时候一种杀人的刑具，样子像现在的铡刀）上面，到大王的面前去认罪请求处罚，以得到大王的宽恕。'我照着他的话做了，承大王的恩典，果然宽恕了我。我以为蔺相如不但勇敢，而且很有智谋，考虑问题很周到，所以可以作为使臣去跟秦国交涉。"

于是，赵王派人把蔺相如召来，当面问他："秦王要用十五座城来交换和氏璧，你认为应该答应吗？"

蔺相如回答说："秦国强大，赵国弱小，我们不得不答应。"赵王又问："要是秦王得了璧，却不肯把城给我们，那又该怎么办？"

蔺相如说："大王说得不错。但是依我看，秦

国用十五座城来换和氏璧，要是赵国不答应，那就是我们没有理了；如果赵国把璧送到秦国去，而秦国不肯把城换给赵国，那么就是秦国不对。相比较，我以为应该答应秦国，把璧送去，使天下的人都看出秦国的不讲理，让秦国背负不讲道理的恶名。"

赵王又说："那么你看派谁到秦国去才比较合适？"蔺相如说："要是人王实在没有适当的人选，我倒愿意带了和氏璧到秦国去。假如秦王真的把十五座城给赵国，我就把璧给秦国；如果秦王不把城交出来，我一定把璧完完整整地带回来。"

于是，赵王就任命蔺相如为使臣，出发到秦国去。

到了秦国之后，秦王接见了蔺相如，蔺相如双手捧璧，把它献给秦王。秦王接过璧，左右端详，非常高兴，又依次递给嫔妃、文武大臣和侍从们欣赏。大臣们一起欢呼"万岁"，向秦王表示庆贺。

蔺相如独自站在一边，等了好久，发现秦王根本不提交出十五座城的事情。于是，他随机应变地跟秦王说："这块璧虽然很好，可惜有个小瑕疵，别人都看不出，让我指给大王看。"秦王听了他的话，就把璧给他，要蔺相如指出璧上的小瑕疵在哪里。

蔺相如趁机把璧收回，因为他知道只有自己跟和氏璧共存亡，才能防止秦王用暴力抢夺。他向后退了几步，身子靠在柱子上，义正词严地对秦王大声说："当初大王想得到这块璧，派人送信给赵王，答应用十五座城来换它。于是赵王召集了文武大臣商议，大家都说：'秦国贪得无厌，绝不肯把十五座城给赵国，这分明是秦国仗着势力强大，想用几句空话来骗赵国的璧。'大家都不同意把璧送来。可是我却认为：即使普通人交朋友，还不至于互相欺骗，何况秦国是个堂堂的大国呢？我叫大家仔细商量，不要为一块璧而伤了两国的和气。赵王听了我的话，采纳了我的意见。赵王还特意斋戒（古代祭祀以前的礼节。在斋戒的期间不吃肉食，不饮酒，并洗澡换衣服，是表示敬重的意思）五天，然后亲自在朝廷上把国书交给我，这才派我来送璧。赵王的态度这样郑重，是表示对秦国的尊重。但是我来到秦国之后，看到的情形则完全不同。大王不在朝廷的正殿上接见我，却在这个日常居住的地方召见我。礼节不但简单，而且态度又这样傲慢。大王还把这么珍贵的宝玉随随便便给宫女们传看，这简直是在戏弄我，对赵国也不尊敬。我看大王并没有以城换璧的诚意，所以我把它收了回来。如果大王一定要逼迫我，我情愿把自己的脑袋和这块璧一起在柱子上撞个粉碎！"说着，蔺相如双手举起和氏璧，紧盯着柱子，仿佛随时准备狠狠砸去。

秦王恐怕蔺相如真把璧砸毁，连忙说好话赔礼，请他千万不要冲动；一面叫来掌管地图的官员送上地图。秦王摊开地图告诉蔺相如说：从这里到那里的十五座城，都将划归赵国。

蔺相如想：秦王根本没有诚意，现在不过是装模作样，以后还是不肯把城给赵国的。于是，他又对秦王说："这块和氏璧，是天下公认的宝贝，赵王虽然十分喜爱它，可是因为害怕秦国势力强大，不敢不把它献给秦王。为了送来这块璧，赵王斋戒了五天，还在朝廷上举行隆重的仪式。现在大王接受这块璧，也应该斋戒五天。然后在朝廷山举行'九宾'(宾就是司仪。古代朝会大典时才设九宾，是非常隆重的礼仪，由九个迎宾赞礼的官员施礼，并依次传呼接引上殿)的受礼仪式，我才能把璧献给大王。"

秦王因为璧在蔺相如的手里，也不好强取豪夺，便一口应承说自己可以斋戒五天，随后又派人把蔺相如送去休息。

蔺相如知道，秦王虽然答应了自己的要求，但是他一定不想把十五座城换给赵国。蔺相如就叫自己的一个随从穿上粗麻布的衣裳，假装成普通老百姓的样子，身上藏了和氏璧，在秦王斋戒期间，秘密地从小路回赵国去了。

五天以后，秦王已经斋戒

完毕，在朝廷上设下隆重的"九宾"仪式，想要尽快把和氏璧据为己有；于是传下命令，要蔺相如献璧。

蔺相如不慌不忙地走上朝廷，对秦王说："秦国从秦穆公以来，已有二十一位国君了，没有一个守条约讲信用。我唯恐被大王欺骗，对赵国不利，所以早已派人带了璧离开秦国，想来现在和氏璧已经回到赵国了。"

秦王听了这话，当即恼羞成怒。蔺相如仍旧从容不迫地说："天下诸侯，谁都知道秦强赵弱。因此如果大王派使者到赵国去索璧，赵国一定不敢违抗，不仅会接待使者，还会马上派我把璧送来。现在要是秦国真把十五座城割让给赵国，再派人到赵国去取璧，赵国哪里还敢留下璧而得罪大王？我自知欺骗了大王，免不了一死，该怎么处置，我就请大王和诸位大臣决断吧！"

蔺相如的一番话，无情地揭穿了秦王骗取和氏璧的阴谋。秦王只有苦笑，无计可施。秦王左右的卫士作势要杀蔺相如，但被秦王喝住了。

秦王解嘲似的对大家说："现在就算把蔺相如杀掉，璧也还是得不到，反而损害了秦国和赵国的友谊，倒不如趁这个机会好好招待他，送他回赵国去。赵王绝不会为了一块璧而得罪秦国的。"

之后，秦王依旧按照九宾的礼节，在朝廷上郑重地招待了蔺相如，然后客气地送他回国。

蔺相如为了赵国的尊严，毫不惧怕强大的秦国，勇敢地和秦王进行斗争，终于把和氏璧完整地送回赵国，胜利地完成了使命。蔺相如回国以后，赵王认为他是个很称职的使臣，因此拜他为上大夫。

在此之后，秦国没把十五座城割让给赵国，赵国自然也就没有把和氏璧送给秦国。

（三）渑池会

公元前 279 年，蔺相如随赵王再次入秦，与秦王会于渑池（今河南渑池县）。这次秦赵渑池相会，赵国在外交上取得了重大的胜利。而对这次外交胜利的取得，蔺相如和廉颇都作出了重要的贡献。

起初，赵王接到虎狼之秦的赴会"邀请"，很是惶恐。因为赵国在同秦国的战争中刚刚吃了两次败仗：第一次丢掉了石城（今河南林县）；第二次损兵两万，丢了光狼城（今山西省高平县）。所以，赵王很害怕秦王，不敢去赴约。廉颇、蔺相如则不以为然，他们认为：赵国虽然在战场上两次失败给秦国，但不该因此惧怕秦国，如果赵王此次不去赴会，不但表示向秦国示弱，而且在列国中也失去了威信。在两人的劝说下，赵王才决定赴会，由蔺相如随行。君臣一行离开赵国时，廉颇向赵王建议：大王此次赴秦，来回行程及会议总共不过三十日，如果三十日过后还不回来，我就在国内立太子为王，以断绝秦国要挟大王，勒索赵国的念头。赵惠文王表示赞同。

赵王到了渑池，和秦王会见了。双方见面行过礼，便在宴席上交谈。秦王一面饮酒，一面有意寻找借口侮辱赵王。他不客气地对赵王说："我听说你喜欢弹瑟（古代的一种乐器），我这里有瑟，请你弹一支曲子给我听听！"赵王不敢推辞，只好弹了一支曲子。这时秦王的御史走来，把这件事情写在竹简上：某年某月某日，秦王和赵王在渑池会宴，秦王命令赵王弹瑟。蔺相如认为这是对赵国的莫大侮辱，心里十分恼火，再也不能忍受，于是他便上前对秦王说："赵王听说秦王擅长奏秦国的乐器，所以我献上一盆缶，请你敲敲盆缶给大家快活快活。"

秦王当即大怒，脸也变了颜色，不肯答应。蔺相如见秦王不肯接缶，便端起盆缶走过去，把它献给秦王。秦王还是不肯敲，蔺相如就说："现在我离大王只有五步，如果大王不答应我的要求，在这五步之内，我拼了命，也要溅你一身鲜血。"也就是说，他对秦王以死相逼。

秦王的侍卫看到秦王受到威胁，忙拔出刀来，要杀蔺相如。蔺相如瞪起眼睛，大声喝住他们，吓得侍卫不由向后倒退。秦王心里很不高兴，只好勉强地在盆缶上"当"地敲了一声。蔺相如回头叫赵

国的御史也把这件事情记下来：某年某月某日，赵王和秦王在渑池会宴，赵王命令秦王敲盆缶助兴。

秦国的大臣见秦王没有占到便宜，就说："今天相会不易，请赵王献出十五座城替秦王祝福！"

蔺相如也不示弱，说："既然赵王献城替秦王祝福，那么也请秦王把国都咸阳献出替赵王祝福！"

一直到酒宴结束，蔺相如为了维护国家尊严，机智而勇敢地和秦国的君臣周旋。秦国始终没有在气势上把赵国压倒。当时秦国也知道赵国的大将廉颇正率兵驻扎在国境上，便不敢贸然动武。在这以后，秦、赵间暂停了战争。

（四） 负荆请罪

渑池会后，赵王载誉而归。之后论功行赏，赵王认为蔺相如的功劳最大，便封他为上卿。地位在廉颇之上。廉颇对蔺相如封为上卿心怀不满，怒气冲冲地说："我是赵国的大将，有攻城拔寨的大功劳，而蔺相如光凭一张嘴，地位却比我高，我不甘心。要是碰到蔺相如，我一定要给他点儿难堪！"

蔺相如知道这件事情后，并不想与廉颇争个高低，而是采取了忍让的态度。为了不使廉颇在临朝时列在自己之下，每次早朝，他总是称病不到。有时，蔺相如乘车出门，远远望见廉颇迎面而来，就索性引车回避。他手下的人对此非常不理解，便对蔺相如说："我们之所以愿意离开家乡，投到您的门下，是因为钦佩您的光明磊落。现在廉颇对您恶语相加，您却只知道躲避忍让，连我们做下人的都感到耻辱，更何况您身为上卿，又何苦害怕他呢？"于是，大伙纷纷要求辞去差使。蔺相如对于周围人们的责怪，并不计较。他问大家："你们说，廉将军的威势能比得上秦王吗？"大家说："比不上。"蔺相如又说：既然廉将军不如秦王，而秦王我都不害怕，难道我会害怕廉将军吗？接着，他以亲赴秦国的经历，说明自己不是恐惧廉颇，而是将国家危难放在首位，还向手下的人说明了不应该太计较个人得失的道理。他语重心长地说："我想，强大的秦国之所以不敢侵犯我们赵国，就是因为赵国有廉将军和我，如果我和廉将军两个人起了冲突，不管谁胜谁败，对赵国都没有好处。秦国说不定会趁机进攻赵国，那时国家可就危险了。我之所以对廉将军忍辱让步，就是先考虑到国家的安全，把私人的恩怨放在一边。"这一番话，说得大家信服口服，更加佩服他了。

蔺相如对手下人说的一番话，很快就传到廉颇那里。廉颇听了很惭愧。就解下上衣，赤着背，背着荆条（古代背着荆条去请罪，表示向对方认错，请对方责罚），含着泪，叫一个宾客领路到蔺相如府上去请罪。

廉颇一见到蔺相如就跪倒在地上，勇敢地承认错误说："我是个没有见识的人，不知道你把国家看得这样重，把个人的私事看得那么轻。我以前对你很不恭敬，你却这样宽恕我，我实在太对不起你了！"

蔺相如赶忙上前把廉颇扶起来，说："我们都是国家的大臣，最紧要的是保卫国家的安全，私人间的一些恩怨又算得了什么？"

从此，二人消除隔阂，一心为国，并结成同生共死的至交。廉颇这种勇于改错、刚正直率、坦白无私、顾全大局的行为，也成为后人广为流传的美谈。

廉颇和蔺相如的故事，内容生动，多年来一直为人们传诵喜爱，并且把它编成戏剧，在舞台上演出。现在京剧里很有名的《将相和》这出戏，就是以这个故事为蓝本的。

（五）鄗城战役

后来，秦赵两国之间又发生了战争，这就是著名的长平（今山西高平市长平村）之战。赵王听信了秦国奸细的话，罢免了廉颇的职位，改派只知道夸夸其谈，没有实际才能的赵括为将。赵括就职后，一改廉颇的部署，贸然出击，终于招致了悲剧。

长平之战，赵国损失惨重，元气大伤。六年后，燕国大举攻赵。在危难之时，赵王重新起用廉颇。当时燕国当政的燕王喜，是一个好大喜功的人。公元前 256 年，燕王喜

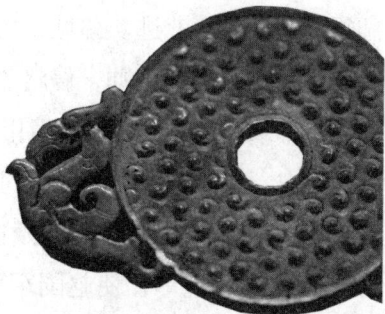

乘赵国危难之机，派兵南下，攻取了赵国的昌壮（今河北冀县西北）。这次得手，更加助长了其进一步攻赵的野心。五年后，燕王喜在积极备战的同时，派丞相出使赵国，表面上装出与赵国通好的样子，暗地里却千方百计地探听赵国的虚实、动向。燕国宰相回国后，对燕王说："赵国的将士大部分都在长平之战中死去了，现在我们可以对赵国发动战争了。"燕王听了后，征求其他大臣的意见，大臣们认为：赵国四周都邻强敌，长期以来四面拒战，国民尚武善战，燕国不可与之作战。燕王不以为然。他认为：赵国新败，国力大损，燕与赵相比，拥有绝对优势。

燕王喜派出攻赵的军队分兵三路：一路由栗腹率领，南下进攻鄗城（今河北省高邑县东）；一路由卿秦率领，西攻代地（今河北省蔚县东北）；一路由燕王喜亲自率领，进攻宋子（今河北赵县东北），辅助栗腹的进攻。

面对燕军的突然进犯，战争创伤尚未恢复的赵国军民决心奋起抵御。赵王遂命廉颇率军二十五万，迎击燕军。廉颇将全军分为两路：一路直趋代地，抗击西路燕军；一路亲自率领，迎战燕军主力于鄗城。廉颇指挥为保卫乡土而同仇敌忾的赵军，采取集中兵力打敌正面的战法，首战告捷，挫败敌军，打去了敌人的嚣张气焰。接着，他率领赵军大败燕军主力，燕王喜闻讯仓皇收兵北逃。鄗城之战胜利后，两路赵军合兵进攻代地，再次大败燕军，俘获燕军西路主帅，侵赵燕军随着主力和两路统帅的丧失，全线溃退。廉颇命赵军乘胜追击，长驱五百里，进围燕国都城蓟（今北京）。燕王喜眼看燕国危在旦夕，只好答应赵国提出的割让五城的要求，向赵国求和。

反击燕军的胜利，使廉颇在赵国的政治地位和声望更高了。此后，他驰骋沙场，大败魏军，使赵国军事形势又有新的发展。公元前245年，赵孝成王去世，他的儿子赵悼襄王继位。赵悼襄王也听信了秦国奸细的离间，罢免了廉颇的职位。当时，廉颇正在前线督军奋战，消息传来，他心怀不平，一气之下，离开赵国，南奔魏国大梁（今河南开封）。廉颇离开赵国之后，赵国多次遭秦军进攻。危难之中，赵王便想到让廉颇回国，而廉颇也有意回到赵国。但是，在奸臣郭开的破坏下，廉颇终于有国难回，有家难归。最后，廉颇南入楚国，含愤死于寿春（今安徽寿县）。随着廉颇、蔺相如相继在政治舞台上谢幕，公元前 222 年，赵国终于被秦国所灭。

三、西楚霸王项羽

（一）青少年时代的项羽

"西楚霸王"项羽是人们熟悉的历史名将，是在灭秦战争中名声赫赫的农民起义领袖。公元前 232 年，项羽生于楚国一个将门世家，他的父亲是楚国大将项燕。

项燕死于秦将王翦之手时，项羽才 10 岁。楚国灭亡之后，项羽和他叔父项梁相依为命，流亡到江南。

项羽少年时初学写字，没多久就半途而废了；后来又学习剑术，还是没有学好。他的叔父很生气。项羽却对叔父说："学写字只不过记记姓名而已；学剑术也只能抵挡一个人。这些东西不值得学，要学就学那种能够抵挡上万人的真本领。"于是，项梁便教他学兵法。项羽非常高兴，但他学起来也只是粗枝大意，从来不肯深入钻研下去。项羽长大以后，身材高大，体格魁梧，能把大鼎举起来，气魄、才干都出类拔萃。后来，项梁杀了人，便带着项羽逃到吴中（今江苏苏州）去避难。在吴中，他们结识了当地的许多豪杰，这些人都很敬畏项羽。就在这时候，秦始皇东巡，路过钱塘江边，项羽情不自禁地说出了要取代秦始皇，自己当皇帝的话。不久，秦始皇病死，他的小儿子胡亥登基当上了皇帝，即秦二世。秦二世十分昏庸，大权落到宦官赵高手里，统治十分黑暗。秦朝的残暴统治，激化了阶级矛盾，六国贵族的残余势力也在等待时机，准备东山再起。秦王朝的政权已经岌岌可危，一场农民起义正应该适时爆发。年轻的项羽正是在这疾风暴雨中登上了历史舞台。

（二）反秦起义

公元前 209 年九月，项羽随项梁在吴中起义。当时，会稽郡守殷通见秦政权摇摇欲坠，自己地位难保，就想让项梁和桓楚统率军队，乘机起兵。他把这一想法告知项梁，项梁推说桓楚逃亡在外，只有项羽知道他的下落，便去找项羽商议对策，项梁让项羽手持宝剑，在外边等候。安排好以后，项梁回来对殷通说："还是让项羽进来吧，叫他去找桓楚。"殷通答应了。进来不久，项羽对项梁使了个眼色说："可以动手了！"话音未落，项梁就拔出宝剑，杀了殷通。

项梁提着殷通的人头，佩挂上会稽郡守的大印，大摇大摆地走出来。郡守府里一下子乱了起来，项羽手持宝剑，杀了几十个人，其他的人都吓得伏在地上，不敢起来。这时，项梁便召集他结识的豪杰和官吏，告诉他们自己准备起兵，并派人到附近去招集人马，很快但征集了八千精兵。项梁自己当了会稽郡守，项羽做了裨将，正式起兵反秦。

项梁带领八千精兵，渡过长江，向西进发。沿途招收人马，扩充力量，项梁军迅速壮大。年轻的将领项羽所率领的六七万人，成为这支部队的主力。

项梁在薛地（今山东藤县东南）召集各路起义军将领，研究继续反秦的部署。刘邦这时也来归附项梁。项梁又给了他五千士卒、十名将领，壮大了刘邦的队伍。项梁在薛地重整了起义军，并采纳了谋士范增的建议，把在民间放羊的原楚怀王的孙子熊心立为楚王，仍称为楚怀王，建都盱眙（今江苏谁安市盱眙县）。项梁自称为武信君，主持军事。

在薛地进行整顿之后，项梁领兵打败了东阿（今山东阳谷县）秦军，并且跟踪追击到定陶（山东省定陶）。同时，项羽与刘邦也先后领兵在城阳（今山东省菏泽）以东，大败秦军。接着，项羽西至雍丘（今河南杞县）把秦军打得落花流水，并杀死了三川郡守李由，然后乘胜回师东北，攻打外黄（今河南杞县东北）。

就在这时候，传来了项梁牺牲的消息。原来，随着起义军的节节胜利，项梁越来越骄傲轻敌，防卫松懈，遭秦章邯军夜袭，战死于定陶，起义军受到了重大损失。项梁战死以后，起义军士气低落，项羽、刘邦等人便率领军队向东转移。面对得胜的秦军，起义军只好等待时机，以便扭转战局，夺取胜利。

（三）破釜沉舟

公元前 207 年，秦国的三十万人马包围了赵国的巨鹿（今河北省平乡县），赵王连夜向楚怀王求救。楚怀王派宋义为上将军，项羽为次将，带领二十万人马去救赵国。谁知宋义听说秦军势力强大，走到半路就停了下来，不再前进。军中没有粮食，士兵用蔬菜和杂豆煮了当饭吃，他也不管，只顾自己举行宴会，大吃大喝。这一下可把项羽的肺气炸了，他杀了宋义，自己带着部队去救赵国。

项羽先派出一支部队，切断了秦军运粮的道路；他亲自率领主力过漳河，解救巨鹿。楚军全部渡过漳河以后，项羽让士兵们饱饱地吃了一顿饭，每人再带三天的干粮，然后传下命令：把渡河的船（古代称舟）凿穿沉入河里，把做饭用的锅（古代称釜）砸个粉碎。这也就是著名的"破釜沉舟"。项羽用这办法来表示他有进无退、一定要夺取胜利的决心。

楚军士兵见主帅的决心这么大，自己的退路也没了，只能以一当十，以十

中国古代兵家与兵书

120

当百，拼死地向秦军冲杀过去，经过连续九次冲锋，终于大败秦军。秦军的几个主将，有的被杀，有的当了俘虏，有的投了降。这一仗不但解了巨鹿之围，而且让秦军一蹶不振。不久，秦就灭亡了。

从这以后，项羽当上了真正的上将军，其他许多支军队都归他统帅和指挥，他的威名传遍了天下。

（四）垓下之战

公元前206年，刘邦灭秦后在关中称"汉王"。不久，项羽入咸阳自立为"西楚霸王"。项羽与刘邦争夺天下的楚汉战争从此拉开了序幕。经多年鏖战，公元前202年，项羽东撤，刘邦看到灭楚的时机已经到来，于是发兵追击项羽。在固陵（今河南淮阳）追上了楚军。

项羽是旷古少有的勇将，在败退的途中仍斗志不减。他趁刘邦的三路军队步调不一的机会勇敢反击，大败汉军。但固陵之战的胜利并没有扭转楚军在战略上的败局。刘邦调来韩信、彭越协力攻楚，迫使项羽率军退至垓下。

垓下是淮北平原上一个崛起的高岗，十万楚军被团团围困在这座高岗上，食物已经告罄，一筹莫展。那正是寒风凛冽的严冬季节，忧心忡忡的项羽夜不能寐。汉军在四面唱起了楚歌，歌声随着寒风传到楚营，楚兵听到乡音都涕泣思归，不愿再战。项羽闻歌也惊诧不已：难道汉军已把楚国占领了？为什么有这么多人歌唱楚歌呢？于是，项羽决定乘夜突围。他飞身跨上马，率领八百名精兵向南奔去。第二天黎明，刘邦才发现项羽已经突围，便命手下疾速追杀项羽。当项羽渡过淮河时，所带骑兵只剩下百余人。后因迷路，被汉军追及，又奋战一阵，甩掉追兵，来到东城。这时，他身边只剩下二十八人了，而汉军数千追兵马上就要尾随而至。

经过激烈拼杀，项羽策马来到乌江边，乌江亭长拢船靠岸，请他过江。项羽惭愧地说："天要亡我，我又何必渡江呢？当初我与江东八千子弟渡江西征，现在却无一生还，纵使江东父老可怜我而尊我为王，我还有何脸面见他们呢？"

项羽面对滔滔大江，知道大势犹如流水，无可挽回，遂横剑自刎而死。

项羽死得英勇悲壮。南宋女词人李清照写道："生当为人杰，死亦为鬼雄。至今思项羽，不肯过江东。"

项羽虽败，他那非凡的英雄气概和杰出的军事指挥才能，以及在秦末农民战争中建立的历史功绩，都将永远彪炳于中国军事史册。

四、汉朝名将飞将军李广

（一）李广青少年时期

李广，陇西成纪（今甘肃通渭东）人，约生于汉初高后七年（前181年）前后。李广是秦将李信的后裔，李信曾参加过秦王嬴政（即秦始皇）统一中国的战争。李广作为将门之后，从小就喜欢骑马射箭，练就了一身能骑善射的好功夫。

公元前166年，匈奴单于率兵大举进攻西汉，在匈奴大举进攻之前，李广投身戎伍，成为年轻的汉朝骑兵中的一名出色战士。当匈奴进攻萧关时，他参加了同匈奴的战斗，并射杀了不少匈奴骑兵。为此，汉文帝非常赏识他，封他为郎。这时的李广只有20岁。

郎就是皇帝的侍从，李广做了郎以后，便来到长安，平时在宫中守卫和值夜，皇帝外出时就骑着马随行，负责保卫皇帝安全。有时还要跟随皇帝去打猎，或者参加征战。不久，李广又被提升为武骑常侍（皇帝的侍从官）。

由于匈奴屡次南下骚扰，汉文帝后期很想改变对匈奴一味忍让的局面。他经常身穿戎装，骑着战马，驰马射猎，并讲习兵法，操练战阵。

李广身材魁伟，两臂修长，有良好的身体素质和骑射本领，是汉文帝侍从中的佼佼者。他不仅勇于冲锋陷阵，冒险御敌，而且还多次舍生忘死地同猛兽格斗，表现出超人的勇气和胆略。汉文帝更加看中他了。

汉文帝晚年曾经十分感慨地对李广说："可惜你生不逢时，要是你生在汉高祖的时候，做个万户侯也不为过呀！"

（二）"飞将军"

李广一生活跃于抗击匈奴的战场上。他经常主动出击，袭

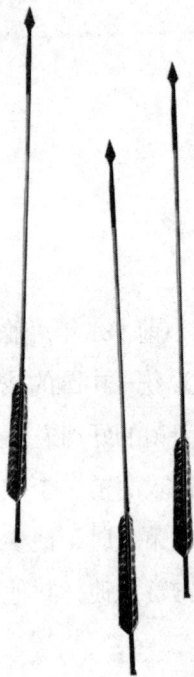

击匈奴，行动神速，勇猛无比。李广有胆有谋，善于攻打近敌，且箭法奇准，每射必中。由于李广经常轻骑近战，因而也常常被敌人围困。尽管如此，凭借李广的聪明才智总能使自己化险为夷。汉武帝时，李广被封为郎中令。汉武帝派他率骑兵四千攻击匈奴，另派遣张骞率骑兵万人随后跟进。不料，张骞出塞后走错了路，导致李广孤立无援，被匈奴左贤王的四万骑兵团团围住。敌人要比汉朝的军队多十倍，士兵们惊慌不安。李广为了安定军心，首先派他的儿子李敢率数十骑兵冒死去冲击匈奴军队，李敢回来报告说："匈奴兵非常好对付。"这才使军心稳定下来，鼎立防守。不久，匈奴四面进攻，箭如雨下，汉军寡不敌众，死亡过半。李广临危不惧，从容指挥，他用威力很大的弩连射数名敌人大将。匈奴连失数名大将，军心动摇，撤走了一部分围军。第二天，李广又率领残兵与敌死战，一直坚持到张骞的援军到来，匈奴败退，汉军终于摆脱困境。

公元前 129 年，汉武帝派李广率军出雁门攻击匈奴。因匈奴人多势众，李广兵败被俘。当时李广正患有重病，被俘后，匈奴把他放在绳网上，让两匹马一左一右扯着拉回了营地。李广假装死去，眼睛却偷偷地寻找逃脱机会。走了十几里后，李广发现有个骑着一匹好马的匈奴小孩走到身旁。他见时机来了，猛地腾身而起，跃上小孩的马，夺下弓箭，策马狂奔。匈奴兵从惊呆中醒悟，立即派出数百骑兵追捕。李广利用那张夺下来弓箭，连连射杀追敌，终于脱身归营。由于李广善于骑射，后来匈奴就赞誉他为"飞将军"，不敢轻易和他作战。

但是，就是因为此次战役的失败，李广被免去官职，降为平民。

（三）流芳千古的神射手

李广被免官之后，迁到蓝田南山（今陕西蓝田东南）居住。那里山清水秀，是汉朝官吏退隐后进行打猎的地方。李广习惯了戎马生涯，隐居之后偶尔打打猎，倒也逍遥自在。

但是由于匈奴不断来犯，汉武帝又重新起用了李广。在他驻守右北平郡

（今河北省东部）的几年中，此地时常有猛虎出没。李广一向喜欢打猎，以前在各郡担任太守时，只要听说哪里有老虎，他总要亲自赶去射杀。即使不时被猛虎扑伤，也毫不退缩。

有一次，李广和几个随从到深山老林中去打虎。当他转到一个山包时，突然发现，在山脚下的草丛里，正蹲着一只猛虎，仿佛正要向他扑来。李广赶忙弯弓搭箭，嗖地一声向猛虎射去。李广的随从们提刀拿棒，走到跟前一看，哪里是什么猛虎，原来是一块大石头。再看那支箭，已经射进石头，拔都拔不出来。后来李广又照样连射几箭，只见石头上迸出火花，箭也应声落地。即使用尽全身力气，也无法再射进石头中。可是，李广作为神射手的美名，却从此流传得更加广了。

公元前119年春天，汉武帝派大将卫青和骠骑将军霍去病各率五万精锐骑兵，加上自愿从征的四万人以及步兵和运输兵，约数十万人马，浩浩荡荡地向北进发。事前，李广已得到消息，便多次向汉武帝请战。但汉武帝认为李广年事已高，不想让他参战。后来，经过几番周折，汉武帝见他求战心切，才任命他为前将军，跟随卫青出征。

这时，匈奴单于也了解到汉军的动向，并把辎重继续向北转移，把主力集中在漠北，严阵以待。卫青出定襄（今山西太原以北）后，从匈奴俘虏那里探明了匈奴单于的驻地，便决定亲自率领精兵直捣匈奴大本营。他让李广改走东路，担任策应，去进攻匈奴单于左翼。

但是，东路路途迂回遥远，很难跟卫青同时到达作战地点，再加上李广求胜心切，好不容易争到个前将军，自然一心想要打头阵。所以，李广请求收回成命。他对卫青说："我本来就是前将军，应该作前锋，可现在你却让我改走东路；并且，我年轻时就已经开始跟匈奴交战，这次好不容易才跟匈奴单于相遇，我一定要担任前锋，跟匈奴单于决一死战！"

卫青没有答应李广的要求。原来汉武帝早已授意卫青，说李广运气不好，如果让他跟匈奴单于正面交锋，难免会失败。同时，卫青之所以调开李广还同

公孙敖有关。

公孙敖是卫青的朋友，曾经搭救过卫青，使他免于一死。以后，公孙敖多次跟随卫青出征，但是，因为在一次战役中战败，公孙敖被免职了。免职后的公孙敖在卫青帐下，所以，卫青想让公孙敖跟自己一起去同匈奴单于交战，以便让他再立战功。

李广知道内情之后，更不想放弃战机。卫青有汉武帝做后盾，当然也不肯改变主张。于是，卫青下了一道公文，要李广执行命令。李广碍于军令，只好愤愤不平地率领部队，经东路向北进发。

跟东路相比，卫青一路路程要近一些，同时沿途的状况并不适合大军停留。所以卫青一鼓作气，向北挺进一千多里，很快跨过大沙漠。他发现匈奴单于早有准备，并已摆好阵势等待交战，便命令把战车连接环绕起来，扎下营寨，同时派出五千骑兵，发出攻击。匈奴单于也立即派出一万骑兵迎战。

这时，已经快到黄昏，狂风大作，飞沙走石，两军对面不见人。经过一番交战，汉军分左右两翼，向匈奴单于包抄过来。匈奴单于见汉军兵强马壮，来势汹汹，便带着精壮骑兵数百名，向西北突围而去。由于天黑，两军对垒时，卫青还不知道匈奴单于已经突围。后来，从匈奴的俘虏的口中知道这件事情，卫青直追二百多里，追到天亮也没能见到匈奴单于。停留了一天之后，卫青就凯旋而归了。

霍去病以及李广的儿子李敢也在此次战役中立下了战功。但是，李广的东路军因为没有向导，迷失了道路，延误了与卫青会师的时间，没有赶上

同匈奴单于的交战。直到卫青回到大沙漠以南才与卫青相遇。

此时的李广的心情可想而知。他参见过卫青，便回到自己的部队中。卫青特意派他的部下给李广送去酒食，并且询问李广迷失道路的详细情况，准备把事情的经过报告给汉武帝。李广没有回答，卫青的部下便把矛头指向了李广的部下，李广很生气地说："我手下的人没有罪，是我自己迷了路。我现在就亲自到大将军的那里去受审！"

李广来到卫青面前说："我和匈奴打了一辈子仗，参加了七十多场战斗，这次战役本来能够和匈奴兵直接交战，可将军又把我调到东路，我又迷了路。这难道是老天爷的安排吗？我已经快60岁的人了，总不能再接受刑狱官的审问吧！"说完，李广拔出宝剑，自刎而死。

李广悲愤自杀的消息传开以后，全军上下，人人痛哭；百姓听说以后，个个落泪。这种充分说明了人们对李广的信任和怀念以及对他的缅怀。

总的来说，李广称得上一代名将。他少年从军，一生风餐露宿，驰骋沙场，战场上身先士卒，深得将士们的拥戴。

五、抗匈奴英雄冠军侯霍去病

(一) 青少年时期

霍去病是汉武帝时期大将军卫青的外甥，霍去病的母亲和舅舅卫青一家人原来都是汉武帝的姐姐平阳公主家中的奴隶。后来霍去病的姨母卫子夫进了皇宫，成了皇后，舅舅卫青也受到重视，霍去病一家才摆脱了奴隶的身份，走进了汉武帝的视野中。

霍去病英俊骁勇，胆识过人。从年幼时代起，霍去病就努力学习骑马、射箭和击刺等武艺。艰苦的奴隶生活，多年来的勤学苦练，使他成为一个性格坚毅、体格强壮、武艺出众的青年。

汉军反击匈奴的消息，特别是舅舅卫青统率大军大败敌军的消息，不断传到长安。年轻的霍去病，心里一直不能平静。他多次请求汉武帝让他随军出征，但是他年纪太小，怎么能上战场领兵杀敌呢?

公元前 124 年秋末，匈奴骑兵侵入代郡，俘虏了一千多人口，杀死了郡尉朱英。为了打击匈奴人的气焰，第二年春天，汉武帝就命令大将军卫青在定襄，组织了一场大规模的反击战。

这次战争，由六位将军分统大军分路出发。他们是中将军公孙敖、左将军公孙贺、右将军苏建、前将军赵信、后将军李广和强弩将军李沮。在交战之前，霍去病向汉武帝提出要求，请求参战。为了让霍去病在战斗中锻炼成长，汉武帝答应了他的请求，并特地命令卫青挑选八百名骁勇矫捷的骑兵，归霍去病指挥，还授予他骠姚校尉的军职。"骠姚"意为勇敢敏捷。

霍去病兴冲冲地带领八百骑兵，随着舅舅卫青来到定襄。卫青本来打算让霍去病和他率领的骑兵留在大营中，作为后备部队，不让他冒着风险远出作战。但是霍去病主动请战，苦苦哀求，最后卫青只得答应他率领八百名骑兵单独行动。

临行前，卫青再三叮嘱霍去病不要走得太远，见到大队匈奴骑兵就马上回来。可他并没有听从舅舅的话，带着八百骑兵一路狂奔，很希望能够遇上匈奴骑兵，好痛痛快快地打一场。

一整天过去了，各路大军都回来了，只有霍去病带领八百人在外未归，卫青很担心自己的外甥，坐立不安，生怕霍去病出了什么意外。

这时，营门外忽然传来了卫士们的欢呼声："骠姚校尉回来了！"

卫青非常高兴，赶快跑到营门外一看。只见骑在马上的霍去病，右手提着一颗血淋淋的人头，正在朝大营疾驰而来。八百骑兵紧跟其后，还押着两个匈奴贵族模样的俘虏。

卫青这才放了心，急切地探问霍去病这次战斗的经过。原来出发的那天早晨，霍去病他们一直往北奔驰而去。开始时草原上静悄悄的，看不到一个人影。

肚子饿了，他们就吃一点随身带来的干粮。他们越走越远，离开大营已经好几百里路了。

天逐渐黑下来了，天气还是那么寒冷，水壶里的水都结成了冰块。他们还是坚持着，谁也不愿掉转马头往回走，而是倔强地前进，再前进！

他们在马上度过了一夜。当天空放亮的时候，才看到前面隐隐约约地出现一个圆顶，这就是匈奴人所搭建的帐篷。

霍去病下令大家停止前进。接着把八百人分成几队包抄匈奴的帐篷，霍去病大喊一声，带头朝一座最大的帐篷猛冲过去。

此时帐篷中的匈奴人酣睡正香，一点防备也没有，等他们发觉的时候，汉朝勇士已经进了帐篷。霍去病指挥士兵活捉了两个匈奴贵族，并砍掉了匈奴单于叔祖父的头。之后带领八百骑兵，马不停蹄地返回大营。

总的来说，汉军这次出师胜负相当。但霍去病统帅的八百骑兵，首战告捷，一举踏破敌营，取得了辉煌的战果。霍去病第一次出征就崭露头角，充分发挥了战斗才能。

大军班师回到都城长安。汉武帝亲自接见卫青和霍去病。汉武帝把霍去病叫到面前，摸着他的后背，高兴地说："初生牛犊不怕虎。你小小年纪，打起仗来却这样英勇。朕一定好好奖赏你。你一往无前，勇冠三军，朕封你为冠军侯吧！"现在的体育比赛中，得第一名的称为"冠军"，就是从霍去病的封号发展而来的。此时的霍去病只有18岁。

（二）河西战役

公元前123年以后，汉朝为了应付战争的新形势，采取了新的战略，出兵直向占据"河西走廊"的匈奴各部落进攻。"河西走廊"是内地通往西域的交通要道。匈奴强大以后，构成了对汉朝的严重威胁，也隔断了汉朝和西域各国的联系。为了瓦解这种威胁，汉武帝决定发动一场河西战斗，把这个地区拿下来。

汉武帝知道要完成这个任务，既要有精锐的骑兵，还要有一个坚强果断、机智勇敢的统帅。汉武帝经过再三考虑，最后选中了年轻有为的霍去病。

公元前121年春天，只有20岁的霍去病，被任命为骠骑将军，率领一万精兵，从陇西出发，直插匈奴控制的"河西走廊"。大军所到之处，势如破竹。仅仅六天就把匈奴的五个部落打得落花流水，差点把单于的王子也活捉了。

匈奴军队看到汉军来势汹汹，连忙调集兵马，霍去病摆出准备乘胜发动正面攻击的架势，但临时兵锋一转，避过敌人严密设防的地带，杀向匈奴卢侯王和折兰王的驻地。两位匈奴王匆忙组织人马还击。汉军突然到来，并直插敌人后方，对敌人是个打击。但是，汉军经过长途跋涉，将士和战马都非常疲惫，因此，同匈奴部队激战一阵后，就开始支撑不住了。

此时，霍去病大吼一声，举起宝剑，纵马带头杀向敌营。士兵看到主帅亲自带头冲锋陷阵，精神一下子振奋起来。忘记了疲惫和伤痛，跟着统帅奋不顾身地向敌人冲过去。喊杀声震动整个原野。匈奴兵经不起这样猛烈的冲击，他们绝望地呼叫着，纷纷跌落马下。这是一场漂亮的歼灭战，直杀得敌人尸横遍野，血流成河。在这场战斗中，一共斩杀敌军近九千人，匈奴的卢侯王和折兰王当场被击毙，浑邪王的王子和匈奴的相国、都尉当了俘虏。战士们还缴获了大批物资和牛马。

第一次的河西战役，就这样取得了胜利。胜利的消息传到长安。汉武帝特地下达诏令，对霍去病和他的部属进行嘉奖。

为了继续歼灭匈奴在河西地区的势力，完全控制"河西走廊"，在第一次河西之战后不久，汉朝又发动了第二次河西战役。这次战争的部属是：西路由霍去病和公孙敖各率几万骑兵，从北地（今甘肃省庆阳西北）出发，攻击匈奴的右贤王。为了策应西路，由张骞和李广率军从右北平（今河北省东部）出发，攻击匈奴的左贤王。

张骞和李广出发后，李广的四千骑兵受到左贤王大军的团团围困，激战两天，损失了不少人马。张骞率领一万骑兵赶到，两军合力奋战，匈奴才引兵退去。

东路的战争没有打好，给西路进攻带来一定的困难，但是霍去病还是率军按原计划挺进。他叫公孙敖带领人马，沿焉支山北边，作正面的进攻。他自己则率军朝"河西走廊"北面，深入两千多里，直抵居延海（今内蒙古阿拉善盟境内），计划跟公孙敖的军队两路夹击，全歼浑邪王和休屠王的主力。可惜公孙敖在进军中迷了路，不能按预定计划跟霍去病会和。这样，霍去病就遇到了更大困难。但是摆在面前的困难，并没有影响这位青年将军的坚强意志。这次深入敌后的进军，使他在军事上更加成熟了，战斗经验也更加丰富了。经过一次又一次战斗，霍去病的军队一直达到小月氏（今祁连山以北地区）的边境。在各次战斗中，一共杀死敌人三万多，俘获匈奴的王子、相国、将军、当户和都尉等一百多人，连单于的阏氏（匈奴对王后的称呼）也成了俘虏。匈奴的单桓王和酋吐王在被打败后，率领两千五百人投降了汉军。

霍去病率领的远征军，经过艰苦的战斗，虽然也损失了十分之三，但总的来说，是以较小的代价，换取了巨大的胜利。从此，霍去病的威名远扬四方。在朝廷上，年仅20岁的霍去病已经是一位举足轻重的人物，可以同他的舅舅大将军卫青并驾齐驱。

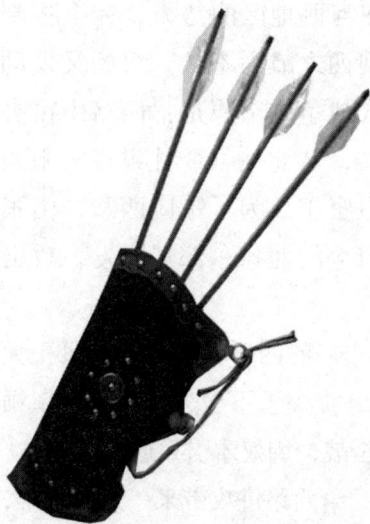

（三） 河西受降

河西战役之后，匈奴单于恼羞成怒，认为浑邪王和休屠王作战不力，才被霍去病打得落花流水，失掉河西这块宝地。把怒气一股脑发泄到他们身上，便派使者叫他们前去受罚。

浑邪王和休屠王祸不单行，刚刚吃了败仗，又要接受处罚。他们想：这次即使不被单于杀死，以后的日子也不好过。要抵御强大的汉军，等于以卵击石。目前唯一的出路，就是向汉朝投降。浑邪王和休屠王商量停当，便派使者到汉朝那里请降。这时正巧汉朝将军李息领兵在陇西黄河沿岸修筑城堡，他接待了浑邪王的使者，便马上报告汉武帝。但武帝觉得匈奴的情况很复杂，恐怕浑邪王要求投降有诈，于是派霍去病带着兵去接受浑邪王和休屠王的投降。这个受降的任务，担的风险不见得比冲锋陷阵的作战任务小。情况容易发生变化，随时有被袭击暗害的可能。霍去病到达河西之前，休屠王就突然反悔，不想投降汉朝了。浑邪王情急之下，便刺杀了休屠王，收编了休屠王的军队。等到霍去病率精锐骑兵一万多人渡过黄河，浑邪王的部队已列阵等候。双方阵营遥遥相望，步步紧逼，情况很是紧张。浑邪王的部下看到汉军阵容强盛，便有许多本来不是诚心愿投降的人，暗中煽动，纷纷逃走。浑邪王的阵营马上骚动起来，霍去病知道情况后，当机立断，带了部分军队，飞马驰入浑邪王阵中。他一手握剑，一手抓住了浑邪王。汉军将士乘势冲过来，杀死了正在逃跑和企图反抗的八千多人。为了防止再有意外发生，霍去病立即派人护送浑邪王乘上马车，先到长安去见汉武帝。接着，亲自率领全部匈奴部众，渡河来到河东地区。

一场惊险的受降战斗，就在霍去病的指挥下，顺利地结束了。汉武帝大为振奋。他下令调集两千辆马车，迎接浑邪王和他的部众。并在长安举行了一次隆重的庆功大会，设宴款待大批归降的匈奴将士。接着，朝廷选择部分匈奴归降士兵参加边塞的防守，而把留下来的匈奴人，分别安置在陇西、北地、上郡、朔方、云中等五郡的边塞地区，号称"五属国"，直接接受各郡地方官的监护。定居下来的这些匈奴人，准许保持他们自己的风俗习惯。从此，他们就同汉族人民和平相处。

匈奴受到汉军的几次打击，浑邪王又率众归顺了汉朝，军事力量大大削弱，不得不退到遥远的大沙漠以北地区。

烽火连天、动荡不安的河西地区，逐渐成为和平安定、生产发展的农牧区。汉朝先后在这里建立了酒泉、武威、张掖、敦煌等四个郡，总称"河西四郡"。河西四郡正式归入西汉的版图。从此，汉朝和西域各国的道路，完全畅通了。

（四） 英年早逝

霍去病在反击匈奴的战争中，充分发挥了他的军事才能，作出了重大贡献。就在河西战役取得胜利之后，汉武帝特地在长安为他建造了一座宏伟豪华的住宅，请他前往观看，霍去病谢绝说："匈奴未灭，何以家为。"这两句豪言壮语，是霍去病一生戎马生涯的写照，一直受到后世的传诵。

令人痛惜的是，公元前117年，霍去病因病逝世，这一年他只有24岁。对于这一位青年将领的逝世，全国老百姓感到无比的悲痛。为了表达对霍去病怀念之情，纪念他生前的卓越功勋，汉武帝在自己的坟墓旁，替霍去病建造了一座规模宏伟的坟墓，形状像巍峨的祁连山，象征霍去病的形象就像祁连山一样高大。坟墓四周还排列着经过精工雕刻的石像群。

在霍去病安葬当天，老百姓络绎不绝地前来参加葬礼。汉武帝还动员过去受霍去病招降归汉的匈奴将

士，都身穿黑色的盔甲，排成长长的队伍，从长安城一直排到霍去病坟前，作为送葬的仪仗队。

两千多年来，雄伟的霍去病墓和留下来的部分石像，一直屹立在陕西兴平县境内，受到后世瞻仰。"霍去病"这个名字，也成为抗敌卫国、英勇智慧的将领的代名词。

六、英武睿智的三国名将周瑜

（一）青少年时期

周瑜，字公瑾，庐江舒县（今安徽舒城）人，是三国时期一位著名的军事家。他于公元175年出生在一个很有势力的官僚地主家庭中，他的叔祖父周景父子曾经是东汉的太尉，父亲周异是洛阳县令，后来被董卓所害。孙坚起兵讨伐董卓时，周瑜从洛阳迁居到舒。他从小勤奋好学，除了掌握军事知识外，还具备各方面的才能。他精通音律，据说听别人弹琴的时候，只要错了一点点，他也可以听得出来。他与孙坚之子孙策同岁，私交非常好。袁术看中周瑜的才能，想请他当将军，但周瑜看到袁术残暴无能，将来成不了大器，便一心跟着孙策，成了他的左右手。周瑜只有24岁，就担任了中郎将，打过不少胜仗。他年纪轻轻，人们都叫他"周郎"。当周瑜身为中护军兼江夏太守时，攻下皖城，得到二女，一称大乔，一称小乔，是江东有名的美女。孙策娶了大乔，周瑜娶了小乔。孙策死后，他全力辅佐孙策的弟弟孙权，经过几年的征战，相继削平了江、浙、苏、皖的地方势力，成为东吴的年轻统帅。

（二）赤壁鏖战

公元208年，曹操率领几十万大军，南征荆州。刘表的儿子刘琮投降了；刘备的军队被打得大败，一直退到长江南岸的樊口（今湖北省鄂城县西北）。曹操顺利占领了荆州，收降了刘表的部队，获得了大量的军用物资，接着就打算顺长江东下，乘势消灭孙权的力量。

为了恐吓东吴，曹操下战书给孙权，扬言已训练水军八十万，要与孙权会战，企图迫其投降。孙权在柴桑（今江西九江市西南）收到战书后，召集文武大臣商量对策。以张昭为代表的大部分人畏惧抗曹，主张投降；只

有鲁肃坚决反对投降，力主联合刘备，抵抗曹操。刘备的使者诸葛亮向孙权精辟地分析了敌我形势，说服孙权联合抗曹。孙权虽然不甘心投降，但对抗曹也还下不了决心，为此，急召周瑜商定大计。

周瑜当时正在鄱阳（今江西波阳县）训练水军。接到了孙权的通知，他立即连夜赶回柴桑。孙权马上召见周瑜，并招集大家商讨和战大计。在商讨过程中，周瑜冷静地分析了敌我双方的形势和战胜曹操的可能性，他说："诸位主张投降曹操，这是被曹操表面的声势迷惑住了。其实曹操并没有什么可怕。他这次出兵，有四大不利：第一，曹操的后方不稳定。马超和韩遂还割据着凉州，威胁着他的后方。第二，曹操的士兵大部分是北方人，不善于水战。他们抛弃了善于骑战的特长，却到船上来跟我们争高低，这就要吃亏。第三，目前天气逐渐寒冷，曹操远离后方，军马缺乏草料。第四，他驱赶北方的士兵，到南方江湖地带作战，士兵水土不服，一定会生病。上面这几点，都是用兵的大忌，现在曹操偏偏冒这个风险，远道来跟我们作战。要活捉曹操，正是时候！"周瑜的分析，有理有据、慷慨激昂，孙权听了非常激动，他抽出宝剑，砍去书桌一角，厉声说："谁敢再说投降，就和这桌案一样！"抗曹的大计就这样决定下来了。

为了坚定孙权的抗曹信心，当天晚上，周瑜又觐见孙权说："我考虑到主公对于曹军与我军敌多我少的状况，一定不放心，所以我特地前来，解除您的心病。曹操夸口说自己有水陆大军八十万，张昭他们没有仔细分析，因此被吓破了胆。实际上，曹操从北方带来的人马，不过十五六万，而且经过长期作战，早已疲惫不堪。至于从刘琮那里收编过来的降卒，最多不过七八万人。这批人对曹操怀有戒心，军心不稳。曹操带了疲劳的军队，指挥着心怀疑惧的降卒，人数虽多，但其实没有什么可怕的！我只要五万精兵就可以制伏他们。请主公不要顾虑！"

孙权十分高兴，拍着周瑜的肩膀说："你的话，完全符合我的心意。五万人一时难以调集，但我已选出精兵三万，战船、粮草和军械都已经准备好，你和鲁肃、程普先行，我再增调兵马，多集钱粮，随后增援。你有把握就与曹操交战，如不顺利，则退兵与我会合，由我亲自与曹操决战。"几天以后，孙权召集文武百官，庄严地宣布：任命周瑜和程普为左、右都督，鲁肃为赞军校尉，率领三万人马，先同刘备会师，然后合力迎击曹操。

刘备派诸葛亮出使东吴后，率军从夏口退居樊口。这时，刘备和刘表长子刘琦两部共计只有两万多人，处境十分危急，日夜盼望吴军的到来。吴军到达樊口后，刘备十分高兴地对周瑜说："孙将军决定迎战曹军，真是太英明了！不知道你这次带来多少人马？"周瑜回答："一共带有三万。"刘备迟疑了一下说："曹操兵多将广，我们的兵力恐怕太少了点儿吧！"周瑜自信地说："兵在精不在多。只要我们协力同心，三万人已经足够了。你等着看我周瑜怎样击败曹军好了。"看到周瑜充满信心，刘备紧皱着的眉头也舒展了。

孙、刘联军会师后，继续沿江西上，在赤壁（今湖北蒲圻县西北）与曹军前锋遭遇，经过一场战斗，联军获胜。曹操见初战不利，就引兵退驻长江北岸的乌林（今湖北洪湖市乌林镇），与孙、刘联军在赤壁一带隔江对峙。

不出周瑜所料，曹军初到南方，水土不服，疾病迅速扩散；加上北方士兵多半不习水性，受不了长江上风浪的颠簸，士兵的体质和士气迅速下降。为了减轻晕船，曹操令部队用铁链将战船连接起来，上面铺上木板，以减低战船的摇摆度。曹操战船用铁链连接起来的弱点，被周瑜的部将黄盖发现，他觉得这是一个可以利用的好机会，就向周瑜献计说："敌众我寡，长期相持于我军不利，应该赶快设法破敌。现在曹操用铁索连接，战船首尾相连，不能活动，可以用火攻的办法来打败曹军。"周瑜接受了黄盖的建议。为了实施火攻，他令黄盖向曹操送去了一封诈降书。

降书说："黄盖在江东深受孙氏的厚恩，担任重要将领，对我的待遇也不薄，我本应该报效。但是，从天下大势看来，江东六郡兵力，根本无法抗拒您的百万大军，这是明眼人一看就知道的事情。只有周瑜、鲁肃自负其能，打算以卵

击石，今天顺应天下大势，归降您，这是大义。周瑜统帅的军队，人数有限，不难一举击破。等到两军交锋之日，我愿作前驱，为您效劳。"曹操收到降书之后，开始有些怀疑，但对送信人进行盘查后没有看出破绽，考虑信中说得合情合理，就相信了，并与送信人约定时间和信号，让黄盖提前驾船来降。周瑜一见曹操中计，非常高兴，立即调兵遣将，做好下一步的准备工作。

　　老将黄盖指挥士兵在几十艘船只中，装满了用油脂浸透了的干柴和芦苇，外面围上了布幔，好好掩盖起来，船头都插了青龙牙旗。另外，还预备了一些轻快的小船，系在船尾，以便放火以后撤退。

　　此时，"万事俱备，只欠东风"。

　　公元208年十一月冬至前后的一个夜晚，东南风居然刮起来了。这东南风是怎样来的呢？据小说《三国演义》中记载，这股东南风是诸葛亮登上七星坛，向老天爷"借"来的。原来，周瑜和诸葛亮都有丰富的天文气象知识，他们了解冬天一般都刮西北风，但在冬至前后也会有东南风出现。他们就是专等这个时刻的到来，才好向西北方向的曹军实施火攻。

　　机不可失，时不再来。东南风一起，周瑜立即命令黄盖按计划出动。他和刘备率领联军将士，也登上战舰，做好临战前的一切准备。只等江面上燃起大火，马上全线总攻。黄盖亲自指挥十条火船走在几十条火船的最前面。船到江心，黄盖下令船上张起帆篷。十条火船乘着东南风，就像十支脱弦的利箭，直朝曹操的连环战船射去。

　　曹军的战船和水寨很快映入眼帘，火船上的勇士们齐声高呼："黄盖来降啦！"曹军将士以为真的是黄盖来投降了，纷纷走到船甲板上观望。曹操见黄盖按时来降，很为得意，后见船速太快，觉得不妙，想阻止时，已经来不及了。这时黄盖命令十艘大船同时点火，然后跳上小船退走。借着猛烈的东南风，火借风势，风助火威，顷刻间，曹军的水营全都燃烧起来，一时烈火熊熊，火光冲天。曹军的战船因被铁索连着，仓促间无法拆开，全部战船很快就淹没在一片火海之中。火大风猛，又烧到了岸上的曹军营寨。曹军士气本已低落，又毫无戒备，突遭大火，顿时大乱，烧死、淹死者不计其数。周瑜指挥孙刘联军驾

中国古代兵家与兵书

战船继续前进。一见大火起，立即擂鼓助威，指挥全军乘火势猛杀过来。曹军士兵多是陆军，不习水战，又有疾病在身，哪里是联军的对手，直被联军杀得人仰船翻，欲逃无路。在弥漫的烟火之中，曹操仓皇地带着残兵败将，从陆路经华容道（今湖北潜江县西南）向江陵（今湖北荆州市）逃去。途中泥泞，不时陷入泥潭之中，人马自相践踏，病弱残兵又死掉不少，逃至江陵时，兵力伤亡已超过大半。周瑜指挥联军，水陆并进，一直追到江陵城下。曹操沮丧至极，亲自率余部退回北方去了。

这就是历史上有名的赤壁之战，赤壁之战是奠定三国鼎立局面的决定性战役，也是历史上一次以少胜多、以弱胜强的著名战役。在这次战役中，周瑜正确分析了形势，采取联合作战的方针，充分调动了联军将士的积极性。同时，他看清了敌军的弱点，做到以己之长，攻敌之短，制定了正确的战略战术，最后取得了辉煌的胜利。周瑜指挥这次战争的时候，还只有 34 岁，真不愧是一位杰出的年轻军事家。

可惜赤壁之战的两年后，周瑜便因病去世了。但他的英雄形象和高超的军事才能，一直受到人们的敬仰。

七、精忠报国的抗金名将岳飞

（一）岳飞青少年时期的生活

北宋末年是一个社会动荡不安的历史时期，岳飞就是在这样一个历史时期诞生、成长并开始戎马生涯的。

崇宁二年（公元 1103 年）夏历二月十五日的晚上，岳飞出生在河北西路相州（今河南安阳）的一个村落中。岳飞的父亲名叫岳和，母亲姓姚。

相传，正当岳飞降生的时候，有一只大鸟在岳家的院落上空飞鸣而过，所以岳飞的父亲就为这个新生的婴儿取名叫岳飞，字鹏举。岳飞从小好学，每天父亲教他认字读书，也常给他将一些历史上的英雄故事，岳飞的记忆力很好，对《左氏春秋》《孙子兵法》《吴子兵法》等经典烂熟于心。

在体力方面，岳飞从童年开始就有超人的力量。他还没有成年的时候，就能够拉开硬弓。他有一个同乡叫周同，是一个善于远射的人，岳飞跟随他学习，很快就学会了周同百步穿杨的技艺。此外岳飞还跟随一个叫陈广的有名的枪手学习枪法，这使岳飞在使枪的技术上也成了全县的佼佼者。

但是，由于家境的贫困，读书、射箭或使枪都不能成为岳飞谋生的手段，为了能够生活，他只能依靠农业劳动。当他能掌握比较熟练的农业操作技术的时候，就来到相州安阳县的韩家做了一名庄客。

因为能够使用弓箭，擅长远射，所以岳飞到了韩家之后，除了从事农业劳动之外，还兼管保卫韩家宅院。有一次，有一百多人包围了韩家，准备抢夺财物。岳飞爬上院墙，施展他高超的射箭本领，一箭射死强盗首领，贼人四散而逃。

(二) 初露锋芒

当岳飞长大成人时，国家正处于内忧外患之中。当时的北宋统治者只知道纵情享乐，政治腐朽，军事衰弱。长期生活在我国东北的女真族勃然兴起，建立了金政权。金政权逐渐强大起来，于 1125 年灭了辽朝，之后分兵两路进攻北宋，北宋的皇帝赵佶听到金军大举南犯的消息之后，不敢亲自负起抵抗金军的责任，一心只想逃避到一个安全地区去，于是急忙传位给他的儿子赵桓，即宋钦宗。

1126 年（靖康元年）十一月，金军攻陷了北宋的都城开封。赵桓卑躬屈膝地向金主投降，接着，金军的两个统帅通过北宋文武大臣中的叛徒，在开封城内疯狂地搜刮金银、绢帛、书籍、字画、古器等物品，并把北宋王朝皇族居住在开封的男女老幼将近三千人，一律拘押在金军营寨中。1127 年四月初一，金人将北宋的两个皇帝和皇室成员以及文武官员，共三千多人押回了金。这就是历史著名的"靖康之耻"。北宋也就此灭亡。

这一年岳飞正好 20 岁。这个饱读兵书、谙熟武艺、身强力壮的年轻人，盼望有一天能够投身疆场，为国家报仇雪耻。因此，当招募"敢战士"的消息传来时，他毅然报名参军。就在他走上战场的前夕，深明大义的母亲，特意在他背上刺下"精忠报国"四个大字，嘱咐他一生一世都要为国家和民族的利益而奋勇杀敌，决不吝惜自己的生命。

为了求得赵姓政权不致因此而消失，1127 年五月初一，宋钦宗的九弟——康王赵构在应天府（今河南商丘）即位，改年号"建炎"，建立南宋。他登基不久，就起用了在抗金斗争中立过战功的李纲为宰相，是年六月，经李纲推荐，又封宗泽为开封留守。

岳飞投军之后，几经辗转最后投靠了在宗泽的门下。宗泽非常欣赏岳飞的军事才能，经常对他委以重任，有一次，宗泽派岳飞去抵抗

进犯汜水的金军。他任命岳飞为"踏白使"（即突击队长），要他带领五百名骑兵前去，并叮嘱他说："我看你是很有作战本领的人，现在是你奋勇立功的时候了，可是也不要轻率从事。"岳飞奉命带领人马前往汜水，十分圆满地完成了宗泽交给他的任务。

岳飞没有辜负宗泽的期待，宗泽也绝不埋没岳飞的功劳，这次凯旋之后，宗泽将岳飞任命为统领。后来又经过几次战役，岳飞越来越受到宗泽的器重，被提升为统制。宗泽这位老将一直认为，皇帝应该"回銮"开封，振奋士气，抗击金兵。但是赵构是一个贪生怕死的人，根本不肯回去，最后，宗泽这位老将悲愤地死去了。

宗泽死后，接替他的是杜充，建炎三年（1129年）杜充派岳飞参加一次了迎敌的战役。岳飞所率领的士兵仅有两千人，和他对阵的人数却有几万人，寡众悬殊。但是岳飞首先向敌方的一员将领奔去，一刀砍杀了这员将领，然后，他又向敌军出现混乱的阵地冲过去，对方的阵脚大乱，人众四向溃散。岳飞所率领的部队立下了奇功。

（三）奋勇抗金

后来，岳飞跟随杜充南下，退往建康（今江苏南京）。1129年冬，金军由兀术（即金太祖阿骨打第四子）统率大举南侵，渡江攻入建康。宋高宗辗转逃往海上，仅率臣八九人，乘楼船飘泊于温州、台州一带。

岳飞奉命收复建康，先率部在城南牛头山埋伏，深夜派百名黑衣战士混入敌营，使金军于梦中，互相残杀，又伺机捕捉敌人哨兵，获知敌北撤路线，火速赶往静安镇，横刀跃马冲入敌军，击毙敌军无数，乘胜进驻建康后，升任通（今江苏南通）、泰（今江苏泰州）镇抚使。

1130 年，金扶植汉奸刘豫割据河南、淮北建立伪齐政权，目的是牵制南宋以缓和宋对金的直接威胁。放回降臣原宋御史中丞秦桧，让他劝诱高宗行南北分治。同时由兀术率主力征服川、陕，以断南宋兵粮的后援。

南宋相应在江淮之间设防，派岳飞防守江州（今江西九江）至江陵（今湖北江陵）一线，岳飞先平定叛军、游寇及农民起义，收编精兵，以后三次主动出击，大获全胜。

第一次在 1134 年，岳飞率军从江州出征，收复伪齐占领的襄阳等六州之地。在随州（今湖北随县），岳飞的 16 岁长子岳云，手握两只各重 80 斤的铁锤力夺头功。在襄阳，岳飞慧眼识破敌人以骑兵布防江岸，以步兵摆阵阔野的破绽，令部将以手持长枪的步兵攻敌骑兵，使其阵脚大乱，互相争挤夺路，落入江中。又以骑兵将敌步兵杀得丢盔卸甲，击溃对方主力。仅用时三个月即顺利收复六州，打通了通往川陕之路，扭转了南宋的被动局面，增强了军民抗敌的勇气和信心。32 岁的岳飞被破例提升为清远节度使，又晋封武昌郡开国侯。

由于宋高宗严令不得越界追敌扩大事态，岳飞只得率军回鄂州（今湖北武昌）驻防，期盼着"何日请缨提劲旅，一鞭直渡清河洛"。1134 年底，金、齐联军进逼庐州（今安徽合肥），岳飞东下解围，敌军闻风北逃，"岳家军"不战而胜。

1135 年夏，岳飞率军镇压洞庭湖地区杨么起义，被朝廷封为开国公。岳家军由于收编起义军人数猛增。次年，岳家军第二次北上出击，收复洛阳西南险要之地，夺取烧毁伪齐粮秣，逼近黄河。因朝廷不供军粮，功败垂成。虽升职太尉，依然壮志难酬，便填了一首《满江红》抒怀：

怒发冲冠，凭栏处，潇潇雨歇。抬望眼，仰天长啸，壮怀激烈。三十功名尘与土，八千里路云和月。莫等

闲，白了少年头，空悲切！

靖康耻，犹未雪；臣子恨，何时灭？驾长车，踏破贺兰山缺。壮士饥餐胡虏肉，笑谈渴饮匈奴血。待从头、收拾旧山河，朝天阙！

1137年，金下令撤除节节败退的伪齐，以归还河南、陕西为条件诱使南宋议和称臣纳贡。1139年元旦，秦桧代高宗向金使跪拜称臣、接受金朝皇帝诏书，达成和议。岳飞坚决反对，上表称"和好不可恃"，并四次奏辞因和议而赏封给他的官衔，遭秦桧忌恨。

果然，金军于1140年五月撕毁和约，四路伐宋。高宗大惊失色，不得不下令各军分别抵抗。岳飞第三次出击，令所部一支分路进攻河南，一支重返河北，自己率主力从正面向汴京推进。40多天，先后收复陈州（今河南淮阳）等重镇，从三面形成对汴京的包围圈。七月初，岳飞以少数轻骑驻守郾城，每天派小股人马向金军挑战。兀术由小路进军至城北20里处与岳家军相遇。

岳飞命岳云先闯敌阵，苦战几十回合，获胜。金兀术遂以有"常胜军"之称的"铁塔兵""拐子马"袭来。"铁塔兵"是金兀术侍卫亲军，由三千余名头戴双层铁盔、身披重甲的骑兵组成，每推进一段，后面便立刻设置障碍，只能前进不能后退。正面冲锋时，犹如一道铁墙。左右两翼配备轻骑兵一万五千，常在战斗最激烈时突然出击，称"拐子马"。待敌军临近，岳飞指挥经过专门训练的步兵手持"麻扎刀"和大斧专砍马腿，使敌马翻人仰不得前进。从午后直战至天黑，金军大败。

接着，在郾城附近连战连捷。在颍昌（今河南许昌）再杀退金兀术的十万步兵和三万骑兵。金军全线崩溃，副帅毙命，金兀术败逃。岳飞上书高宗：此乃"陛下中兴之机，金贼必亡之日"。并亲率岳家军追抵朱仙镇，距汴京仅45里，与义军配合将金军围困在汴京，派猛将率500精骑与十万金军对阵。

岳飞决心乘胜渡河收复河北，激励部将："直捣黄龙府，与诸君痛饮耳！"

然而，高宗慑于岳飞震主之威，听信秦桧谗言，"令岳飞暂且班师"，下令各路大军一律撤回原驻地。岳飞锐意北伐，上奏道："豪杰向风，士卒用命，时不再来，机难轻失。"高宗借口"孤军不可久留"，一天催发十二道金牌（即一尺长朱漆金字木牌），日行四五百里。岳飞涕泪交流，痛心疾首，大放悲声："十年之功，废于一旦！"被迫撤军。此后，金兀术提出"必杀飞，始可和"的条件。高宗于1141年一举剥夺韩世忠、张俊、岳飞的兵权，解散其军队。诏岳飞赴临安（今浙江杭州）任枢密使。

（四）忠义含冤死去

在岳飞任枢密使之后不久，秦桧又唆使右谏议大夫万俟卨以居功颇惰弹劾岳飞，使罢官出朝。再诬陷岳飞与岳云及部将张宪谋反，将岳飞逮捕入狱，由高宗亲自审理此案。审讯中御史中丞何铸被岳飞背上由其母亲手刺上的"精忠报国"四个大字所深深感动，转而为岳飞鸣冤，朝廷改由万俟接任审理。同年底，宋金议和，规定：宋金以东起淮水，西至大散关（今陕西宝鸡西南）为界；南宋每年向金纳贡银绢各25万匹两；南宋称臣，且"世世子孙谨守臣节"。

1142年1月，岳飞被以"莫须有"（即或许有）罪赐死，时年39岁。岳飞死后，全家被抄，五子中除岳霖被人收养，余皆或充军岭南，或逃往湖广。甚至下属也被株连罢免或处死。直至高宗退位，孝宗为鼓士气，平民愤。才追复岳飞官职，将其遗骸依礼迁葬于西湖栖霞岭下。宁宗时，追封岳飞为"鄂王"，立岳庙。

岳飞一生俭朴，不置田产，不积私财，不为后代钻营利禄。岳飞用兵，一反出征前先授大将阵图，由皇帝遥控的成制，认为按图布阵是用兵的常法，但用好的关键则是将领审时度

势。岳飞治军严谨，纪律严明，人称："冻死不拆屋，饿死不掳掠""撼山易，撼岳家军难"。打仗时他身先士卒，与士兵共甘苦，从不居功自傲，赢得了历代人民的崇敬和同情。关于岳飞的传说很多，而且流传的形式也多种多样。在一些地方，人们将油条称为"油炸烩（音同桧）儿"。人们在杭州岳飞墓前铸造了秦桧夫妇等四个铁人，向岳坟跪着，墓阙上悬联："青山有幸埋忠骨，白铁无辜铸佞臣。"

八、民族英雄郑成功

（一）青少年时期的郑成功

明朝末年，无数英雄人物叱咤风云，建立了丰功伟业。民族英雄郑成功就是他们之中一颗灿烂的明星。

天启四年七月十四日（公元 1624 年 8 月 27 日），郑成功出生在日本平户。郑成功原名郑森，父亲叫郑芝龙，母亲是日本人，名叫田川贞子。关于郑成功的诞生还有一些传说。据说，郑芝龙在日本常去藩士家学双刀技，郑成功的母亲临产时，郑芝龙正在外学习双刀技没有回来。郑母一日游千里滨，突然腹痛的难忍，就靠在滨内的巨石上生下了郑成功。当地人至今还把那石头叫做"儿诞石"。因为巨石的侧面有一棵古松，所以郑成功最初名叫"福松"。

郑成功生活的时代，恰好是荷兰殖民者不断向东方扩张的时候，也就是在郑成功出生这一年，荷兰殖民者占领了台湾岛。1644 年，李自成的起义军进入了北京，明朝最后一个皇帝崇祯皇帝在景山自杀身亡。之后清军入关，致使李自成的起义军在北京城仅仅停留了一个多月就被迫离开了。

而此时在我国南方还出现了一个"南明"王朝。这是由郑森的父亲郑芝龙等人，统兵拥立明朝皇族朱聿键为帝，在福州登基，改元隆武。隆武帝对满怀报国之心的一介书生郑森寄予了厚望，赐郑森国姓"朱"，并赐

名"成功"。

（二） 成功收复台湾

在南明王朝建立之后不久，清军南下，郑芝龙为了一己之私，秘密答应了清军的议和条件。与此同时，荷兰殖民者开始大范围地强占台湾百姓的土地，并开枪打伤了台湾百姓郭老爹等人，郭老爹便派儿子郭怀一向郑芝龙求救。但郑芝龙为了个人荣华，不顾福建和台湾百姓的存亡，不顾妻子田川贞子和郑成功的苦劝，最后投靠了清军。

随后，清军大举杀入福建。数万名百姓和郑家士兵请求郑成功起兵抗敌，正在这时，传来了隆武皇遇难，郑家被清军洗劫，郑母田川贞子受辱自尽的消息。这一切促使郑成功毅然决然脱去儒装，背负起救国的大旗。此后，郑成功率领郑家军转战南北，与清军和荷兰殖民者周旋、抗争。他施巧计攻占厦门，铲除了与荷兰人勾结、盘剥百姓的土豪郑联，并以此为基地，养精蓄锐。

郑成功的部将马信等人，为报家仇，纷纷请兵进攻南京。而占据台湾的荷兰长官派人来厦门与郑成功谈判，企图挑起郑成功与清军之间的内战。郑成功巧施妙计，点化了荷兰翻译何斌，使之成为自己的内应，并通过荷兰人的蛮横和傲慢，教育了部将马信等人。

台湾百姓为反抗荷兰殖民者的统治，在郭怀一的领导下，凭着大刀长矛，发动了农民起义。怎奈敌人势力强大，起义失败，郭怀一被杀，台湾血流成河。面对清军的压力、荷兰人的嚣张、台湾百姓的苦难，究竟是先

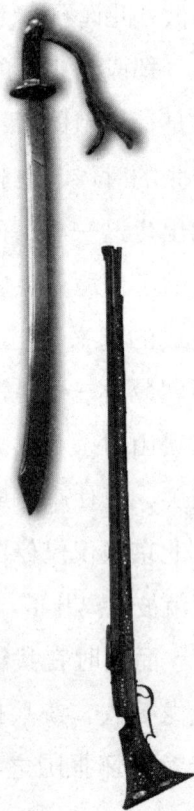

中国古代兵家与兵书

北上抗清，还是先攻打台湾，郑成功陷入了重重矛盾的沉思。最后，他出乎意料地决定先进攻南京，抗击清军。

郑成功率军北上，一路所向披靡，直逼南京城下。然而，包围了南京之后，他又下令围而不打。部将马信大惑不解，这时郑成功才向他透露了"敲山震虎，以保厦门的安全，然后收复台湾"的军事意图，马信恍然大悟。郑成功以围城打援、声东击西之计，在凤凰沟歼灭了清军有生力量之后，立即下令，回师厦门。

郑成功召回何斌，并全面开始了收复台湾的准备。1661 年，他率大军二万五千人、战船数百艘，越洋过海，踏上了收复台湾的征途。浩瀚的海上，双方舰队相望，敌舰武器装备优良，郑家军面临着严峻的考验。郑成功从容而镇定地指挥着这场海战。部将马信、陈豹、王大雄等人以及郑家军士兵，争先恐后，奋勇作战。经过浴血奋战，他们打垮了荷兰的主力舰队，又一举拿下赤嵌城。

郑家军登陆之后，荷兰人妄图以金钱收买郑成功，使他撤出台湾，遭到郑成功的严正拒绝。然而，敌人凭借坚固的热兰遮城堡，负隅顽抗。在这期间，郑成功访问台湾百姓家，见到了当年郑芝龙所立的石碑，百感交集。百姓告诉

他可以切断热兰遮的水源。郑成功随即下令切断水源，并派人与城内的暗线李德义联系，周密准备最后的决战。

城内城外都已安排妥当，大决战开始了。郑军的炮火铺天盖地，士兵们像潮水一样涌向热兰遮。敌人的抵抗也是顽强的，一排排攻城的士兵倒下了。城里的内应李德义也被捕入狱。关键时刻，郑成攻下令马信率领敢死队作最后的冲击。马信率兵冒死攻上了城墙，与敌人展开了殊死的搏斗，他身受多处重伤，点燃了身上的炸药，扑向敌群，壮烈牺牲。与此同时，李德义等人也越狱逃出，冒死打开了城门。敌人无条件投降。三十八年的殖民统治宣告结束，台湾终于回到了祖国的怀抱。

中国古代兵家与兵书